조금 무심해도 괜찮아

조금 무심해도 괜찮아

오라 노스Ora North 지음
강성실 옮김

미래의창

항상 너무 많은 감정을 느끼는
케이티에게 이 책을 바칩니다.

들어가며

너무 민감해서 지쳐버린 당신에게

지금 이 책을 펼친 당신은 지친 마음을 안고 있을 것이다.

혹시 당신은 자신을 둘러싼 모든 것에 민감하지 않은가? 가끔 지나치다 싶을 정도로 말이다. 당신은 어렸을 때부터 남들보다 훨씬 더 많은 것들을 느낀다고 생각했을 것이다. 이 세상을 그대로 느낄 수 있기 때문에 삶의 수많은 경험이 승리의 도취감이나 위험한 패배감으로 가득한 모험처럼 느껴졌을지도 모른다.

> 왜 사람들은 당신이 보는 것을 보지 못할까?
> 왜 사람들은 당신의 내면에서 오르락내리락하는 감정의 추를 이해하지 못하는 걸까?

사실 당신이 세상을 경험하는 방식은 매우 순수하다. 편협하지 않은 열린 마음과 호기심을 가진 덕분에 인생의 복잡함과 기쁨, 비통함 같은 감정들을 더 크게 의식한다. 타인에게 행복을 주면 순수한 기쁨을 느끼고, 타인을 실망시키면 가슴 찢어지는 고통을 느낀다. 너무나 기뻐 눈물을 흘리는가 하면, 한나절도 되지 않아 절망적인 슬픔에 젖어 울기도 한다. 당신이 이토록 감정을 강렬하게 느끼는 이유는 무엇일까? 당신은 그 이유를 알 때도 있지만, 모를 때도 많다.

이처럼 격렬한 감정을 느끼는 문제는 개인의 삶뿐만 아니라 타인과의 관계에도 영향을 미친다. 민감한 사람은 인간관계 속에서 타인과 연결되어 있다는 느낌을 더 강하게 받는다. 다른 이들이 자기가 어떤 감정을 느끼는지 말해주지 않더라도(혹은 말하지 않으려고 해도), 왜인지 당신은 그 감정을 '알고 있다'. 다른 이들의 생각과 감정이 마치 제2의 피부처럼 당신을 둘러싸고 있기 때문이다. 이 제2의 피부는 눈에 보이지 않으며, 인식하기도 어렵다. 다른 사람들은 당신이 그런 피부를 가지고 있다는 사실을 날이 가고 해가 바뀌어도 전혀 눈치채지 못한다. 그래서 당신은 이 제2의 피부 같은 감각을 지닌 채로 사는 법을 터득하게 된다. 모든 부가적인 감정에 적응하는 법을 배우는 셈이다.

당신은 사랑하는 사람들이 무엇을 원하는지 말하지 않아도 알기 때문에, 티인을 잘 돌보는 사람이 되었을 것이다. 사랑하는 사람들을 진심으로 들여다볼 줄 알며, 무엇보다 그들을 위해 곁에 있어주고 그들이 원하는 방식으로 사랑을 주려 노력한다.

그런데 타인을 이해할 줄 아는 만큼 대가를 치러야 하는 부분도 있다. 타인과 연결되어 있다는 감각을 더 강하게 느낄수록 그 사람의 감정을 내 것처럼 받아들이고, 이 감각을 제2의 피부인 것처럼 스스로에게 덮어씌운다. 또한 타인의 에너지에 영향을 많이 받아 자신의 에너지와 타인의 에너지를 혼동하기 쉽다. 시간이 지날수록 어떤 감정이 자신의 것이고 어떤 감정이 타인의 것인지 구분하기 어렵다. 그 경계선이 모호해지면 결국 자신감을 잃고 스스로의 존재 가치를 잃어버리게 된다. 매 순간 다른 사람이 느끼는 좋은 감정과 나쁜 감정들을 자신의 것처럼 경험하기 때문에 인간관계에 문제가 오면 일상이 힘들어지며 생사가 걸린 일처럼 심각하게 느낀다. 내면에서는 분노가 잡초처럼 끊임없이 자라난다.

이렇게 감정의 경계선이 모호한 상태는 이성 관계뿐만 아니라 가족 관계에도 문제를 일으킨다. 먼 조상대부터 내려와 얽힌 이 감정들을 보면 우리는 스스로 그 얽힘을 풀거나 이로

부터 벗어나는 것이 불가능하다고 느낀다. 당신이 느끼는 고통은 서서히 그 강도가 커지지만 그와 동시에 즉각적이고 폭발적으로 다가온다. 당신은 평소에 사랑하는 사람들의 감정을 돌보는 데 집중했을 것이다. 그렇다면 도대체 당신의 감정은 어디로 간 걸까? 아마 당신도 잘 모를 것이다. 역설적이게도 타인의 감정은 잘 느낄 수 있지만, 정작 자신의 감정은 제대로 파악하기 어려우며 이 과정에서 외로움을 느낀다. 모든 이들이 당신에게 조언과 도움을 구하러 오는데, 정작 '당신'은 누구에게 조언을 얻어야 할까? '당신'은 누구에게 도움을 받을 수 있을까?

민감성이 감성 지능을 높여준다고는 하지만, 사회생활을 할 때 도리어 방해가 되기도 한다. 직장에서 하는 감정 노동은 자기 일이 아닌 문제에 에너지와 영혼을 소모하는 것이다. 당신은 직장에서 눈에 띄고 남보다 앞서가려면 '어쩔 수 없이 해야 하는 일'이라고 생각하면서, 동료와 상사들에게 자기를 맞추려 할 것이다. 심지어 당신은 그들의 고통도 느낄 수 있으니, 그들이 하는 나쁜 행동에 변명해줄 구실을 만들어 '이번 한 번만은 그냥 눈감아주겠다'고 생각할지도 모른다. 하지만 그렇게 몇 년이 흐르고 나면 그 한 번 눈감아준 행동이 수도 없이 반복되었음을 깨달을 것이다. 당신의 동정과 공감에 힘입어 다른 이들은 앞으로 나아가고 발전하는데, 당신은 여전히 그 자리에 머물러 있음을 똑똑히 보았을 것이다.

업무를 마치고 기진맥진한 채로 귀가했을 때도 당신은 바로 소중한 사람들을 챙기기에 분주하다. 당신은 불평도 잘 하지 않고 작게 한숨을 내쉬며, 사람들이 알아주거나 감사해하지 않아도 보살피는 역할을 자처한다. 이 시점이 되면 스스로 이 압도적인 감정을 어떻게 말로 표현해야 할지 몰라서 배우자와 감정적으로 거리를 둔 채 대화를 나누고 있을 것이다. 이해받지 못한다는 느낌에 TV를 켜 마음의 안정을 찾으려 하지만, TV 방송 프로그램들은 폭력이나 잔혹한 장면으로 가득해 온몸이 떨려온다. 더 이상 슬픔과 고통을 견딜 수 없어 완전히 녹초가 된 상태로 잠자리에 든다.

지금까지 우리는 감정에 압도당한 초민감자의 삶을 살펴봤다. 이는 좌절과 외로움, 민감성이 잘못된 길로 빠진 경우를 묘사한 것이다. 이러한 삶이 지속되면 인간관계와 업무에도 문제가 생기고 결국 삶의 활력을 완전히 잃어버리게 된다. 그 상황에 이르면 당신은 자신이 초민감자가 아니기를 바랄 것이다.

사실 이런 삶의 방식을 오랫동안 지속하기는 어렵다. 하지만 어쩌면 당신은 지금까지 이것을 유일한 삶의 방식이라고 생각하고, 다른 선택지가 있다는 사실조차 몰랐을 수도 있다.

지치고 연약한 존재에서 강인한 존재로

나는 감정에 압도당한 초민감자들도 다른 삶을 선택할 수 있다는 걸 이미 확인했다. 당신은 자신이 가진 민감성을 초능력으로 활용할 수 있는 강인하고 능력 있는 사람이다.

당신은 이제 힘들고 혼란스러운 관계를 맺는 대신, 당신의 구역에 발을 딛고서 자신의 에너지와 타인의 에너지를 명확하게 구분하게 될 것이다. 무시당하거나 이용당하지 않고, 자신의 일에 더 매진하며 진실을 당당하게 표현하고 그것을 부끄러워하지 않게 될 것이다. 시간을 내어 휴식을 취하고, 좋은 의도로 자신의 에너지 채울 수 있을 것이다. 당신은 고통스러운 감정을 극복해나가며 이 세상의 놀라운 치유와 변화를 담는 그릇이 될 수 있다. 당신은 누릴 자격이 있는 것들을 얻게 될 것이다. 당신은 스스로 그럴 만한 자격이 있음을 말하고, 받아들이고, 살아낼 만큼 충분히 강한 사람이다.

이 책에 나오는 훈련을 하나씩 실천한다면 당신은 자신에게 무엇이 필요하며 그것을 어떻게 얻는지를 잘 알게 되어 인간관계를 더 수월하게 유지할 수 있을 것이다. 에너지를 어떻게 보호하는지 알면 당신의 에너지를 온전한 힘으로 되찾을 수 있다. 이제 당신은 끊임없이 당신의 에너지를 빼앗는 '에너지

뱀파이어'들을 신경 쓰지 않아도 된다. 자기를 너무나 잘 알고 있어 그들이 당신을 괴롭힐 생각조차 못할 것이니 말이다. 드디어 당신은 진정으로 자기를 위하는 또 다른 선택지, 즉 수월하고 품위 있고 명쾌한 길을 찾았다.

지금까지 한 이야기가 불가능하게 들릴 것이다. 물론 변화는 그것이 절실하게 갈망하는 것이라도 두렵기 마련이다. 스스로 성장하기란 누구에게나 쉬운 일이 아니지만, 초민감자가 어두운 감정을 이겨내고 성장하는 것은 더 어렵다. 하지만 나는 이 페이지를 써내려가면서 다음과 같은 약속을 하고 싶다.

> 이 책을 끝까지 읽고 여기서 말하는 내용들을 직시한다면, 지금까지 알지 못했던 내면의 힘을 발견하게 될 것이다.

이 책을 읽으며 당신은 내면에 숨어 있는 두려움에 인사를 건네고, 어린 시절의 고통과 자라온 환경을 마주하게 될 것이다. 그리고 무엇보다도 두려움과 고통을 들여다보려는 의지를 통해 자신이 가진 원초적 능력과 내면의 지혜, 완벽한 직관력을 발견할 것이다.

당신은 자기 삶뿐만 아니라 다른 이들의 삶까지 바꿀 수 있는 잠재력을 가진 놀라운 존재다. 당신이 가진 민감성이 날마다 삶을 어렵게 하고 스스로를 배반하는 것처럼 보이지만, 내면의 깊은 부분을 발견할 때 비로소 민감성의 진정한 특징과 능력을 이해할 수 있다. 민감성은 당신이 꿈꾸던 방식으로 상위자아 higher self를 일깨우는 능력이 있다.

이 책은 감정을 탐색해나가는 여정으로 당신을 인도한다. 모든 혼란스러운 에너지와 고통을 깊게 파고들어 감정의 그림자를 탐색하도록 안내한다. 고통에서 벗어나는 유일한 길은 고통을 뚫고 지나가는 것이다. 이 책에서 제시하는 방법을 연습한다면 당신은 고통의 터널 반대편에 도달할 수 있다.

타인의 에너지와 자신의 에너지를 구분할 줄 알고, 관계를 보호하는 경계선을 잘 관리하고 강화하는 법을 배운다면, 당신의 인간관계는 지금까지와는 비교할 수 없을 정도로 수월해질 것이다. 당당하고 능력 있는 모습에 사람들에게 존경을 받고, 자연스럽게 그런 위치에 올라 대우를 받을 것이다. 이제 우리는 자신을 드러내 보여주는 복잡한 내면의 작업을 시작하려 한다. 이 과정을 거치고 나면 인생의 모든 것이 더 간단하고 단순하게 느껴질 것이다.

나는 당신이 내면을 드러내려고 마음먹었다는 사실에 감사하다. 드러내려는 의지만으로도 이미 반 이상은 해낸 것이다.

진정한 자아를 찾는 여정

이 책에서 제시하는 길을 따라가려면 용기가 필요하다. 인생을 살아가면서 가장 두려운 일은 자기 자신과 자신이 지닌 힘에 관한 진실을 대면하는 것이다. 당신은 지금까지 닫아놓으려고 노력했던 문을 열고 그 안으로 발을 들이게 될 것이다. 당신의 감정 속으로 깊숙이 들어가 그것을 다스리는 새로운 방법을 배울 것이다. 비록 그 감정들이 부정적인 감정이라 할지라도 사랑과 포용으로 마주할 것이다. 당신이 겪는 고통의 패턴과 근원을 인식하면, 고통을 내면의 힘으로 전환시킬 수 있다.

1장에서는 먼저 도대체 초민감자가 무엇인지, 초민감자로 살아가는 것이 어떻게 삶을 더 힘들게 만드는지를 알아볼 것이다. 앞으로 초민감자에 관해 이야기할 때, 그 초점을 타인과의 관계에서 '자기 자신과의 관계'로 옮기려 한다.

그다음에는 초민감자가 겪는 삶의 어두운 측면을 탐색할 것이다. 자기 내면의 어둠에 접근하여 이를 다루는 것은 밝은 면을 보는 것만큼이나 자아상과 세상을 바라보는 시각을 완전히 바꾼다. 감추어진 '그림자 자아'로 살아가고 있는 당신의 모습을 직면하고, 어린 시절 상처받았던 당신의 일부를 제대로 인식하는 법을 배울 것이다. 삶의 어두운 부분들은 강력한 힘을 지니고 있지만, 우리는 지금까지 이를 무시하도록 교육받아 왔다.

그림자 자아와 어린 시절의 상처를 알아본 다음에는 당신이 매 순간 경험하는 모든 감정들에 대해 이야기할 것이다. 감정은 간단히 말해 에너지의 '메시지'다. 이제 당신은 감정이 전달하는 메시지를 해석하며, 감정의 에너지를 파악하고 추적하는 방법을 배울 것이다. 감정 에너지를 새로운 치유 방법으로 활용하려면 직관력이 필요하다. 직관을 이용해 자신의 감정 에너지를 파악하는 법을 익히면, 자신의 감정과 타인의 감정을 항상 구분할 수 있다.

이 도구는 경계선과 관계의 문제를 다룰 때도 활용된다. 이 책에서는 명확한 경계선을 설정하는 획기적인 방법을 알려준다. 경계선을 활용해 스스로를 나쁜 것으로부터 보호하며, 좋은 것들은 수용하는 법을 제시한다. 이 도구들은 초민감자가 인간관계 속에서 형성하는 독특한 역학 관계를 살펴볼 때에도 유용하다. 인간관계 문제에서 감정과 에너지의 패턴을 파악하면, 자신을 위해 무엇을 해야 하는지 알 수 있기에 삶이 한층 수월해진다.

정서적 그림자 작업을 하는 과정에서 자기 모습을 대면하고 자신의 어두운 면을 탐색하다 보면, 잠재된 트라우마와 과거의 슬픔이 올라오기도 한다. 하지만 그것은 정상이다. 트라우마를 어떻게 다루는지도 이어서 살펴볼 것이며, 트라우마가 너무 클 경우 도움을 청하도록 안내할 것이다. 우리의 목표 중 하나는 슬픔을 보물 같은 자산으로 바꾸는 것이다. 이를 위해서는 슬픔에 새롭고 효과적인 방식으로 접근할 필요가 있다. 인생을 바꿀 만한 큰 목표를 성취하려면 항상 어려움이 따르듯이 과정도 쉽지만은 않다. 하지만 이 책에서는 당신이 마주할 수도 있는 어려움이 무엇인지 미리 알려줄 것이다. 그것은 틀림없이 나와 다른 많은 초민감자들이 마주했던 어려움과 같을 거라고 생각한다. 어려움을 겪지 않는 사람은 없지만, 그 어려움을 어떻게 다룰지는 우리의 선택에 달려 있다.

이러한 과정 속에서 독자들은 각자 조금씩 다른 무언가를 얻게 될 것이다. 앞으로 우리가 사용할 다양한 도구와 접근법은 각각 고유한 방식으로 당신에게 깨달음을 선사할 것이다. 절대적으로 옳거나 그른 방법은 없기에, 내면에 숨겨진 또 다른 자신을 발견하고 치유하는 여러 방법들을 제시하고자 한다.

나는 초민감자로 살아간다는 것이 얼마나 힘든 일인지 잘 알고 있다. 특히나 감정에 압도된 초민감자라면 더욱 힘들 것이다. 나는 무엇이 문제인지 잘 알고 있으며, 초민감자들이 겪는 경험 하나하나가 얼마나 복잡한 사연을 품고 있는지 안다.

그래서 이 책에서 초민감자들이 감정을 처리할 때 가장 효과적인 도구를 골라서 활용할 수 있도록 '도구 모음'을 제시하려고 한다. 그런데 이 작업이 성공하려면 호기심이 있어야 한다. 즉, 그림자에 가려져 있는 자신을 마주하고 그림자가 어떻게 도움을 주는지 알아보려는 태도가 필요하다.

이 책을 쓰는 동안 나는 초민감자인 독자들을 상상해보았다. 이 책을 읽을 때 당신이 어디에 있을지, 무슨 일을 겪고 있을지, 삶의 목표는 무엇일지 떠올려보았다. 감정에 압도된 초민감자로 살아가면서 당신이 겪었을 고통을 상상하자 눈물이 났다. 당신이 살아가는 목적의 아름다움을 떠올리며 기뻐하기도 했다. 이 모든 것은 다 당신을 위한 것이다. 무엇보다도 나는 당신이 이 지구상에 존재하게 된 사명을 다하면서, 강인한 초민감자로서 인생을 살아가길 바란다.

민감한 나를 위한 오늘의 실천 리스트

이 책 전반에는 여러 훈련과 즉흥적으로 답변을 써보는 실천 리스트가 나온다. 자기 생각과 반응을 기록하는 것은 자신을 발견하고 치유하는 매우 좋은 방법이다. 앞으로 각 장마다 기록하는 연습을 많이 할 것이므로 훈련을 위해 기록할 수 있는 다이어리를 마련할 것을 추천한다. 물론 다이어리를 쓰는 것이 안 맞는 사람들도 있다는 사실을 알고 있지만, 그렇다 해도 상관없다. 글을 쓰는 것이 안 맞는 사람은 기록하기 훈련에 임할 때 휴대폰이나 다른 기록 장치를 이용해 자신의 생각을 표현해보자. 감정 치유 과정에 더 깊숙이 들어가면서 자신이 썼던 글이나 말을 다시 참고할 수 있다. 따로 시간과 공간을 내어 각 활동을 하기만 한다면, 큰 효과를 기대할 수 있을 것이다.

마음에 드는 다이어리를 골라보자

다이어리를 활용하기로 했다면 당신이 가장 좋아하는 색상이나 표지 디자인의 다이어리를 고르라. 다이어리의 디자인이 마음에 들수록 그것을 사용할 가능성이 높아질 것이다. 당신이 좋아하는 종류의 펜이나 연필도 장만하라. 나와 같은 성향의 사람이라면 특정 브랜드의 펜을 사용할 때 글쓰기가 더 즐거워질 것이다. 어떤 기록장과 펜을 선택하든 따로 시간을 내어 글을 읽고 당신의 경험을 글로 써보는 것 자체가 감정 치유 활동의 효과를 더욱 높여줄 것이다.

차례

Chapter 3 민감성은 어디에서 시작되었을까?: 핵심 상처

Chapter 4 내 감정을 어떻게 표현해야 할까?: 감정 에너지

Chapter 5 도대체 이건 누구의 감정일까?: 진짜 감정 찾기

Chapter 6 너와 나 사이에는 경계선이 필요해!: 경계선 찾기

Chapter 7 당신의 관계에는 항상 반복되는 에너지 패턴이 있다 : 초민감자의 인간관계

Chapter 8 초민감자는 트라우마를 어떻게 다뤄야 할까? : 민감성을 능력으로 바꾸는 힘

Chapter 1

나는 왜 이렇게 민감할까?
: 초민감자의 특징

공감은 주로 '고통'이라는 감정에서 나온다. 초민감자에게 감정적인 고통은 무언가 일이 벌어지고 있음을 보여주는 첫 번째 징후다. 어떤 이유이든 많은 초민감자들은 타인의 기쁨이나 긍정적인 감정보다는 고통이나 부정적인 감정을 더 강하게, 그리고 더 쉽게 느낀다. 기쁨과 긍정적인 감정을 느끼지 않는 것은 아니지만, 기쁨의 감정은 고통처럼 강렬하게 그들을 사로잡지는 않는다. 기쁨은 고통처럼 절실하게 타인의 동정심을 구하지는 않기 때문이다. 기쁨은 포근한 목초지 위에 내려앉는 햇살처럼 부드럽고 따뜻하게 사방으로 퍼진다. 반면 고통은 차가운 물속에 들어가는 것처럼 폐부를 날카롭게 찌른다. 누군가가 고통받고 있을 때 그것은 마치 그들의 영혼이 얼음처럼 차가운 물속에서 안전하게 끌어내줄 손길을 다급히 찾으며 허공에 대고 소리치는 것과 같다. 초민감자들은 이런 절규를 무엇보다도 잘 느낀다.

나는 친구와 함께 한 행사에 참석한 적이 있었다. 친구는 나에게 그 모임에 있는 한 여성을 소개해주었다. 그런데 나는 그 사람과 이야기를 나누면서 가슴이 아파오는 것을 느꼈다. 즐거운 내용으로 대화를 나누고 있었지만, 나는 그녀의 가슴속에 깨진 유리 조각들이 가득 차 있는 것이 보였고, 그 유리 조각들이 내 가슴을 날카롭게 찌르는 것 같았다. 그녀가 자리를 떠나자 나는 가슴을 움켜쥐고 친구에게 말했다.

"저 분은 지금 마음이 무겁고 슬픈 것 같아."

친구는 이 사람이 최근에 이혼을 했다고 말하고는 무시하듯 이렇게 덧붙였다.

"너는 매사에 너무 부정적인 게 문제야."

다른 사람의 감정을 민감하게 느껴서 이런 식으로 평가받은 게 처음은 아니었지만, 나는 친구의 냉정하고 무시하는 듯한 태도에 충격을 받았다. 나는 그 사람의 가슴 아픈 상처를 고스란히 느낄 수밖에 없었다. 나와는 상관없는 이야기였지만 전해지는 고통에 내 가슴이 아픈 것은 어쩔 수 없었다.

다른 사람의 아픔에 공감하는 내 모습에 친구가 보여준 반응은 큰 상처가 되었다. 내가 부정적이라서 싫다는 듯한 태도를 친구가 비췄을 때, 나는 우리 사이에 감정의 벽을 쌓아 올리기 시작했다. 우리의 관계는 다시는 예전 같지 않았다. 나는 처음 만난 사람의 감정을 느꼈다는 이유만으로 완전히 소외당한 것 같았다.

이것이 바로 공감의 역설이다. 놀랍게도 초민감자들은 타인의 감정에 연결되어 있지만, 그렇기에 반대로 사람들에게서 소외된다. 모든 이들의 감정의 맥을 짚을 수 있는 능력이 있지만, 그 이면에는 깊은 외로움의 구덩이가 존재한다. 초민감자들은 어떤 사람이 진정으로 자신의 고통을 이해하려고 다가올 때, 오히려 자기감정을 묻어두거나 감춰버린다. 초민감자의 고통을 이해하려면 초민감자가 느끼는 '모든 이들의 고통'까지도 이해해야 하는데, 그것은 누구에게나 무리한 요구이기 때문이다.

감정을 드러낼 수 없다는 것은 초민감자에게도 매우 부담스럽고 힘든 일이다. 이런 경험 때문에 그들은 자신이 저주받았다고 생각하기도 한다. 하지만 초민감자는 저주받은 사람이 아니다. 초민감자로서 느끼는 고통을 받아들이고, 이 저주를 축복으로 바꾸는 법을 배우면 된다. 단, 그렇게 하려면 초민감자란 무엇인지 확실히 알고 민감한 성향이 삶 속에서 어떻게 나타나는지 이해해야 한다. 매우 예민한 성향 때문에 받은 상처가 어떤 공통적인 패턴으로 나타나는지 발견하고 고통스러웠던 경험들을 받아들이면, 스스로를 강화하는 데 고통을 활용할 수 있다. 극도로 민감하게 살아가는 삶의 운명적 어려움을 이해할 때, 고통을 축복으로 바꾸게 될 것이다.

초민감자란 무엇일까?

'초민감자'라는 말은 최근 들어 새롭게 떠오르는 용어다. 요즘은 그 어느 때보다 감정이 존중받아야 하는 시대임에도 사실상 사회적으로 자기의 민감성이나 약한 부분을 드러내는 것이 어려운 때다. 그런 와중에 민감한 사람들이 민감성과 관련된 자신의 경험을 공유하고 모여들면서 관심을 끌기 시작했다. 간단히 설명하자면, 초민감자란 타인의 감정을 느끼는 사람, 즉 타인과 감정적으로 얽혀 있는 정체성을 가진 사람이다. 공감은 후천적으로 학습 가능한 기술인데, 초민감자는 그 기술들을 학습한 것이 아니라 선천적으로 타고난다. 당신은 초민감자이거나 초민감자가 아니거나 둘 중 하나겠지만, 이 책을 읽고 있는 것으로 보아 분명히 초민감자일 것이다. 그렇다면 초민감자의 공통적인 특징들을 살펴보자.

- 다른 사람들의 존재를 민감하게 느낀다.
- 굳이 말하지 않아도 다른 이의 감정을 느낄 수 있다.
- 타인이 신체적으로 고통스러워할 때 그와 비슷한 알 수 없는 신체적 고통을 느낀다.
- 폭력적이거나 잔혹한 장면을 보면 고통스럽다.
- 사람들을 상담하고 위로해주는 치유자이거나, 그런 치유자가 되고 싶다.
- 다른 사람이 직접 말하지 않아도 그 사람에 대해 이미 많은 것을 알고 있다.
- 음악, 영화, 책 등 여러 매체에 (좋거나 나쁜) 강한 감정적 반응을 보인다.
- 아이나 동물을 돌보는 재능을 타고났다. 아이와 동물이 당신을 잘 따른다.
- 사람들은 나를 잘 모르더라도 특별한 이유 없이 나에게 비밀을 잘 털어놓는다.
- 자연을 좋아한다.
- 신체적인 에너지를 느낀다.
- 나와 상관이 있거나, 나와 상관이 없는 격렬한 분노와 슬픔을 느낀다.
- 다른 사람과 관련된 예지몽을 꾼다.

- 음식과 환경에 민감하다. 음식 알레르기가 있거나 화학 물질에 과민증이 있다.
- 많은 사람들 속에 있으면 자주 불편한 감정이 든다.

초민감자는 초능력을 가진 영적 존재로 여겨지기도 하지만, 사실 주변에서 꽤 흔하게 찾아볼 수 있다. 예민한 사람과 일반인의 차이는 보통 사람들이 생각하듯이 그렇게 크지는 않다. 사실상 차이가 있다기보다는 감정을 느끼는 정도가 다양한 것일 뿐이다. 그럼에도 우리가 생각하는 것보다 더 많은 초민감자들이 자신의 민감성에 당혹해하며 힘든 시간을 보내고 있다.

타인의 감정을 느끼는 것이 어떻게 정상적인 일이 될 수 있을까? 인간은 자기 감정을 기반으로 선택하면서 살아간다. 어떤 것이 좋은 느낌을 주고 어떤 것이 그렇지 않은지가 삶을 움직이는 기본 동력이다. 변화는 감정을 행동으로 옮길 때 일어난다(지금까지 몇 번이나 감정이 지시하는 대로 결정을 내렸는가?). 초민감자는 다른 이들보다 감정과 에너지를(심지어 자기 삶과 경험의 범위를 뛰어넘어) 훨씬 더 잘 느끼는 천부적인 능력을 가진 사람일 뿐이다. 초민감자는 자신의 삶이 감정에 따라 어떻게 변화했는지 느낄 뿐만 아니라, 타인들이 어떻게 감정을 기반으로 선택하는지도 느낄 수 있다. 나는 그래서 의식 있는 초민감자야말로 어느 누구보다도 이 세상에 많은 변화를 가져올 수 있다고 생각한다. 초민감자는 기본적으로 사람이 무엇으로 동기를 얻고, 어떻게 움직이는지를 이해하고 있기 때문이다.

만약 당신이 타인을 돌보는 역할만 한다면

앞서 제시된 초민감자의 특성들을 살펴보면 대부분이 타인과 관련된 사항이다. 그도 그럴 것이 우리가 초민감자의 특성을 정의할 때, 주로 타인의 감정을 경험하는 방식과 외부에 있는 것을 내면화하는 방식을 기준으로 삼기 때문이다. 즉 타인의 경험과 감정을 깊이 느끼는 능력이 초민감자의 특성이라 할 수 있다. 초민감자는 이 능력으로 인해 다른 사람들이 어떻게 느끼는지를 누구보다도 더 잘 이해하기 때문에, 자연스럽게 훌륭한 치료사, 교사, 상담사, 어머니 같은 돌보는 역할을 맡게 된다.

하지만 타인을 보살피는 타고난 성향 때문에 '초민감자'는 '세상의 관리자'나 '거룩한 일을 실현하는 사람'이라는 꼬리표를 달고 명예의 훈장처럼 이상화되었다. 우리는 보통 타인을 위해 사는 것이 궁극적인 희생이라고 생각한다. 초민감자인 당신은 타인이 느끼는 것을 똑같이 느끼므로 그들의 필요를 채

워주며 때로는 그들의 요구를 자신의 요구보다 우선시한다. 이것은 다 부분적으로는 사실이다. 타인에게 도움을 주는 행동은 진정으로 아름다운 선물이다.

타인을 도와주는 것이 세상에 필요한 역할이기는 하지만, 초민감자에게는 위험성이 내재된 행동이다. 초민감자를 단순히 '도와주는 사람'으로 바라보는 시각은 결과적으로 타인의 감정만을 기준으로 정체성을 판단하는 것이기에 문제가 된다. 이는 삶의 목적이 타인의 기대와 감정 안에만 존재한다는 의미다. 자신의 정체성이 타인의 감정에 기반을 두고 있다는 사실을 발견할 때마다, 당신은 아마 스스로 불안정하다고 느낄 것이다. 자기 자신과의 경험보다는 타인과의 경험 속에서 스스로를 초민감자로 규정하면 의식적이든 무의식적이든 우리는 자신의 힘을 타인에게 내주고 만다. 우리 자신을 자율권이나 자기 권한, 선택의 자유가 없이 남을 돕는 역할로 쉽게 분류해버리는 것이다. 사람들이 자기 삶에서 당신의 역할을 어떻게 받아들이는지에 따라 당신의 삶의 목적이 결정된다면 어떨지 상상할 수 있는가?

설사 당신이 테레사 수녀와 비슷한 선한 의도를 가지고 있다 해도, 타인을 통해 자신을 규정하려 한다면, 자기 감정이 아닌 타인의 감정의 흐름에 휘둘리게 된다. 당신이 초민감자 성향의 엄마라면, 자녀들의 행동과 태도에 따라 당신의 가치를 결정하고, 때로는 이로 인해 스스로에게 실망할 것이다. 당신이 초민감자 성향의 치료사라면, 고객이 치유 과정에서 어떤 상태를 보이는지에 따라 그 사이에서 중심을 잃고 심하게 흔들릴 것이다. 또 당신이 누군가와 사귀고 있다면, 상대가 그 순간에 당신에 대해 어떤 감정을 느끼는지에 따라 삶의 질이 결정될 수도 있다.

사실 우리는 어떤 면에서는 모두 타인에게 의지해 삶의 질을 결정하고 있다. 우리는 대부분 타인의 감정에 크게 영향을 받지만, 이런 상태는 정상적이고 건강한 것이다. 정말 좋은 인간관계를 맺고 있다면 상대방과 감정 변화에 대해 끊임없이 이야기를 나눌 수 있어야 한다. 하지만 자신의 행복에 대한 책임을 타인의 감정에 돌리거나, 우리가 타인에게 감정적으로 무엇을 줄 수 있는지에 따라 자신의 가치를 판단하려 한다면, 그 과정에서 자기를 망치게 된다. 결국 상대를 무의식적으로 감정의 볼모로 삼을 뿐 아니라 그러는 사이 우리 자신은 비참한 순교자가 되어버린다. 당신은 타인의 감정적 요구에 맞추기 위해 자신을 내어줄 때마다, 그들도 내가 했던 것처럼 도움을 되갚기를 기다리며 마음속으로 늘 점수를 매기고 있었을지도 모른다. 하지만 믿었던 사람들이 당신에게 행복을 주지 않고, 당신이 베푼 도움을 되돌려주지 않자 그때부터 증오심이 싹텄을 것이다.

> "내가 저 사람들을 위해서 하고 있는 이 모든 일들은 도대체 뭐지? 내가 저들을 위해 희생하고 있는 건 다 뭐야? 저들도 나와 똑같이 해야 하는데, 왜 그렇게 하지 않는 걸까? 어쩌다가 이렇게 된 거냐고!"

이것이 당신의 이야기처럼 들려도 너무 실망하지는 말라. 나 또한 수도 없이 많은 사람들에게 실망했고, 여러 번 이런 말을 했다(나는 별자리가 사자자리라서 그런지 인간관계에 관해서라면 정말 감정적이다).

초민감자의 공감 능력이 신기한 이유는 그 능력이 당신에게 반항할 수 있다는 점이다. 다른 사람들이 내 호의에 보답하길 은근히 바라면서 도움을 주는 역할에 머물러 있을수록, 당신의 아름다운 공감 능력은 가슴속에서 사그라져 없어지고 만다. 누군가 당신을 위해서도 그렇게 해주기를 기대하며 다른 이들을 위해 개인의 삶을 희생하는 것은 성스러운 명예의 훈장이 아니다. 신성한 임무인 것처럼 가장된 '자기를 잃어버리는 일'이며, 이는 절대 신성시될 수 없다.

처음에 심령 치유사로서 2년 동안 치료를 하면서, 나는 내 고객들의 고통과 아름다움을 발견하는 것이 너무 쉽게 느껴져 이상하다고 생각했다. 그들을 위해 치유의 여정을 가는 것과 그들의 잃어버린 내면의 아이를 찾는 것이 다 좋았다. 잃어버린 내면의 아이를 찾아 통합시키고, 존재의 완전함을 경험하며 함께 기뻤다. 이 같은 과정은 내게 아주 자연스러웠고, 치료 과정에서 종종 고통을 느끼기는 했지만, 사람들과 이렇게 친밀한 방식으로 교류할 기회가 주어져서 감사했다.

그러나 동시에 나는 '치유자'라는 꼬리표와 그것이 의미하는 바를 알고 있었다. 치유자는 선禪을 따라야 했다. 망가져서도, 화를 내서도 안 된다. 나처럼 자주 고통을 느껴서도 안 된다. 그리고 나처럼 너무 투쟁적이거나 감정적이어서도 안 된다. 치유자는 감정의 동요로부터 자유롭고, 완벽한 상태로 살아 있는 표본이 되어야 했다.

이러한 역할을 해야 한다는 생각에 나는 수년간 나의 고통을 무시하며 고객과 세상을 위한 일을 먼저 했다. 긍정적인 부분에만 집중하고 내 안의 어둠은 밀어냈다. 그런데 어느 순간 내가 고객들에게 질투심을 느끼고 있다는 사실을 발견했다. 그들에게 의지해 나를 치유하려 했지만, 마음처럼 잘 이루어지지 않자 좌절했다.

'내 고객들은 치유가 되는데 왜 나는 치유가 되지 않는 걸까? 나도 같이 치유가 될 수는 없는 걸까?'

나는 진심으로 다른 이들을 돕고 있었지만, 삶이 만족스럽지 못했고 너무나 허탈했다. 그러다 결국 더 이상 참을 수 없는 지경에 이르렀다. 나는 타인을 위해 살 수 있다면 충분하다고 생각하며 '치유자'의 역할을 도맡은 노예이자 순교자가 되고 만 것이다.

소위 '바닥을 친' 순간이었다. 나는 나 자신에 대해, 그리고 내게 무엇이 필요한지에 대해 진정으로 솔직해지기로 마음먹었다. 나는 뼛속까지 아팠던 수년의 세월을 인정했다. 내 세포들이 그 시간을 기억하고 있었다. 수도자들이 수행을 하듯이 내 상처를 싸매버리고 절을 한 뒤 이 상처를 세상에 '선물'로 주는 그런 일은 할 수 없었고, 하려고도 하지 않았다.

나는 과거에도 지금도 희생양이 아니다.
당신 역시 누군가의 희생양이 아니다.

당신은 '바닥을 친' 순간을 경험해보았는가? 당신이 다른 이들에게 사랑을 준 것처럼 누군가가 당신을 사랑해주기만을 기다리며, 자신의 고통을 무시한 적이 있는가? 당신이 다른 이들에게 베풀었던 치유와 돌봄을 똑같이 돌려받기를 간절히 기대해본 적이 있는가? 아니 그보다 먼저, 초민감자로서 이 세상을 살아간다는 것이 진정으로 무엇을 의미하는지 알고, 남을 도와주는 역할을 내려놓고 '이기적인' 행동을 할 준비가 되어 있는가?

나에게 '남을 도와주는 역할을 내려놓는다'는 것은 2년 동안 고객들을 상담했던 일을 그만두고, 내 욕구가 충족되고 다시 에너지가 가득 채워질 때까지 나를 위해 일하겠다고 맹세하는 일이었다. 나는 타인들 속에서 나를 잃지 않기로 했다. 내가 타인을 위해 무엇을 해줄 수 있는지를 기준으로 나의 가치를 결정하지 않기로 했다. 이런 강인한 초민감자가 되기 위해 나는 다른 사람을 도와주는 역할을 그만두었다. 당신에겐 돕는 역할을 그만둔다는 것이 어떤 의미인가? 타인을 돕는 역할에서 조금이라도 벗어나면 어떨 것 같은가? 이 장의 말미에서는 당신의 역할이 무엇이고, 그 역할을 그만두었을 때 어떤 느낌이 드는지 글로 써볼 것이다.

먼저 스스로를 돌보지 않고서는 다른 사람들을 진정으로 도와줄 수 없다. 초민감자로서 누리는 진정한 축복은 타인과의 연결에 있는 것이 아니라, 강력하고 자유로운 힘으로 자기 자신과 연결되는 데 있다. 당신은 자신의 잔을 채우고, 자신의 요구를 충족시킬 힘을 가지고 있다.

당신의 재능은 당신을 희생양으로 만들지 않는다. 당신의 민감성은 당신을 순교자로 만들지 않는다. 당신은 그 이상의 존재다. 만일 당신이 자신의 자율성을 부정한다면, 이는 세상에 필요한 존재인 '당신' 자체를 부정하는 것이다.

자기 감정을 인정해주세요

당신은 초민감자로서 느끼는 소외감 때문에 당신의 고통이 다른 사람들에게 이해받지 못한다고 느낄 수 있다. 설사 다른 이들이 당신의 고통을 이해하려고 해도, 그 고통을 다 이해할 수는 없다. 그렇기에 스스로 고통을 들여다보려고 하는 의지가 매우 중요하다.

사람들은 자기 '감정'을 누군가 알아주고, 인정해주기를 바란다. 감정은 유동적이고 지나가는 것이지만, 그렇다고 중요하지 않거나 힘이 없는 것은 아니다(우리의 세상은 감정에 의해 돌아간다). 나는 '감정'을 세상을 경험하며 엄마에게 자신을 보라고 외치는 어린아이에 자주 비유한다.

엄마, 이것 좀 보세요! 한 바퀴 돌았어요.

엄마, 이것 좀 보세요! 계단에서 넘어졌어요.

엄마, 이것 좀 보세요! 손가락을 다쳤어요.

엄마, 이것 좀 보세요! 그림을 그렸어요.

엄마가 와서 봐준다면, 아이는 자신이 세상을 배우고 경험하고 있다는 사실을 보여주고 인정받는다는 느낌이 들 것이다. 엄마는 그 응답으로 어떤 특별한 행동을 할 필요가 없다. 아이의 상처를 붕대로 싸매주거나 껴안아주기만 하면 된다. 어떨 때는 고개를 끄덕이며 "와, 정말 그렇구나!" 하고 말해주는 것만으로도 아이는 인정받고 있다고 생각하며, 행복감을 느낀다. 하지만 엄마가 완전히 아이를 외면한다면, 아이는 자신이 경험하는 세상에서 혼자가 된 느낌을 받을 것이다.

우리 감정도 이와 비슷하다. 감정은 생생한 삶의 경험 속으로 뛰어드는 아이들의 영혼처럼 우리의 영혼이 여전히 순수하다는 사실을 보여준다. 그러나 점점 어른이 되어가면서 우리는 논리와 예측을 더 좋아하고, 감정이 어떤 가치를 지니는지 잃어버렸다. 타인의 감정과 자기 감정을 더 이상 마주하려고 하지 않는다.

이러한 현상은 고통을 대할 때 더욱 두드러진다. 감정을 이분법적으로 바라보는 문화에서는 고통은 숨기고 부정하는 반면, 성공과 행복은 크게 칭찬하고 인정해준다. 우리는 지금까지 고통을 밀어내라고 훈련받아왔다. 비유하자면 아이가 부르는 소리를 못 들은 척 무시하는 엄마가 되도록 훈련받은 것이다. 지금 고통을 돌보지 않으면, 당신의 삶은 오랫동안 외면당한 어린아이처럼 영원히 바뀌어버릴지도 모른다. 이 장의 말미에 나오는 '오늘의 실천 리스트'에서는 우리의 모든 감정을 들여다보고 인정하는 연습을 해볼 것이다.

초민감자는 감정 예술가다!

당신이 가진 모든 것을 바람 속으로 날려버리는 아름다운 순간을 상상해보자. 삶의 모든 것이 생생히 느껴지는 동시에 아무것도 느껴지지 않는 그런 멋진 순간 말이다. 당신은 완전히 얽매여 있는 것처럼 느끼지만 한편 완벽하게 자유롭다고 느낀다. 창조와 파괴가 만나는 교차점이자 어떤 노력도 필요 없는 지점을 발견한 것이다. 노력해서 무언가를 얻기도 하지만, 때로는 다 내려놓고 아낌없이 내어주기도 한다. 고요하고 완전하면서도 복잡한 내면의 상태에 즐거워하고 감동받는다. 이것이 예술

정신이자, 진정한 표현의 재능이다. 이것이 창조적 몰입의 재능이다. 이것이 초민감자로서 당신에게 부여된 재능이다.

화가가 그림을 그리고 작가가 글을 쓰는 것과 마찬가지로 초민감자는 감정을 느낀다. 초민감자에게 감정을 느끼는 행위는 단순히 타인과의 관계 속에서 나온 부산물이 아니라 고독한 예술이다. 초민감자는 그저 다른 사람들의 감정을 흡수하는 스펀지가 아니다. 그들은 고독한 예술가다.

사람들과 거리를 두고 홀로 자신의 마음을 들여다보며 넘쳐흐르는 감정들을 쏟아낼 때, 당신은 놀라운 상태에 이르게 될 것이다. 초민감자로서 느낄 수 있는 진정한 핵심적인 감정을 발견할 것이다. 바로 자연과 창조의 깊고도 신비한 공허함이다. 이 공허의 세계에서는 모든 것이 가능하다. 마음으로 산을 옮기고, 노래로 배를 가라앉힐 수도 있다. 재가 된 도시를 다시 건설할 수도 있고, 사랑을 나누며 꽃을 피울 수도 있다. 사람들의 마음을 열고, 그들의 마음을 바꾸며 정의를 실현할 수 있다. 당신 안에는 이 모든 것을 가능하게 하는 힘이 있다.

항상 주변의 에너지에 압도당하고 이해받지 못하는 상황에 익숙한 초민감자와는 전혀 안 어울린다고 생각할 수도 있다. 하지만 단언컨대 당신 안에는 그런 힘이 존재한다. 당신이 자신의 고통을 들여다보기 시작한다면, 흥미로운 일이 벌어질 것이다. 당신이 느끼는 고통을 직시하고 솔직하게 인정할수록 고통은 더욱 당신을 위해 일하고자 할 것이다. 고통을 진정으로 돌보기 시작할 때, 고통은 아름답고 생산적인 무언가로 변화한다. 우리는 감정을 대할 때 자신을 봐주기를 바라는 어린 아이를 대하듯이 혹은 자신을 창조적으로 표현할 수단을 찾고 있는 예술가를 대하듯이 해야 한다.

책을 읽는 동안 이 말을 명심하길 바란다.

> 당신의 내면에는 창조성의 깊은 원천이 있으며, 당신은 고독한 감정 예술가다.

앞으로 우리는 관계 속에서 당신이 타인의 감정과 관련해 어떤 경험을 했는지, 그리고 당신의 공감 능력이 어떻게 삶을 망쳐놓았는지 살펴볼 것이다. 이러한 경험들을 제대로 이해하고 인정하는 것이 중요하다.

여러모로 초민감자는 타인의 감정과 경험을 흡수하는 스펀지 역할을 할 때가 많다. 하지만 당신은 스펀지와 비교할 수 없는 그 이상의 존재다. 나는 당신이 타인과 관련된 경험을 통해 그것을 뛰어넘는 변화와 창조의 지점에 도달하게 되길 진심으로 바란다. 당신이 이 세상과 인간에 호기심을 가지길 원하며, 스스로를 고독한 예술가라고 여기길 원한다. 이럴 때 우리는 감정의 예술이 무엇인지 알게 되고, 그 속에서 자신의 진짜 모습을 발견할 수 있다.

민감한 나를 위한 오늘의 실천 리스트

만일 당신이 초민감자로서 떠맡은 모든 직함과 역할을 떼어버릴 수 있다면 어떨까? 엄마, 치유자, 선생님, 남편, 딸, 예술가, 오빠라는 역할들을 벗어버린다면 어떤 일이 일어날까? 그럼 당신은 어떤 존재가 될까? 삶의 목적에는 어떤 게 남아 있을까? 타인을 위해 일하는 역할을 벗어버리면, '초민감자'라는 존재는 사라질까? 이제 당신은 누구일까? 당신이 모든 감정을 표현하고 인정한다면 무슨 일이 벌어질까? 다음 활동들은 이 질문에 답을 찾는 데 도움이 될 것이다.

내 역할 적어보기

당신이 살면서 가지게 된 모든 역할들을 다이어리에 적어보라. 스스로 부여한 역할이든 다른 이들이 부여한 것이든 상관없이 다 적어보라. 긍정적인 역할, 부정적인 역할, 긍정적이

지도 부정적이지도 않은 역할 모두 빠짐없이 포함시킨다.

목록을 다 적었다면 그중 타인과의 관계에서 부여된 역할이 몇 개나 되는지 살펴보라. 또한 사회적 지위를 설명해주는 역할은 몇 개인지 파악해보라.

이제 선을 그어 이름을 하나씩 지워나가라. 마치 그들이 더 이상 이 세상에 존재하지 않는 것처럼 말이다. 지울 때마다 그 역할이 당신에게 해당되지 않는다고 상상하면서, 그때 어떤 느낌이 드는지 의식해보자. 그리고 역할마다 그 역할로 살아갈 때 달성해야 하는 목표가 다를 것이다. 이름을 지울 때 역할에 해당하는 목표도 세상에서 사라진다고 상상해보라. 당신이 그 역할로서 달성해야 하는 목적이 사라지는 것이 기분이 좋은가? 안심이 되는가? 아니면 괴로운가? 역할마다 어떤 느낌이 드는지 의식하라.

모든 이름을 다 지우고 난 후, 이런 직함들이 당신이 누구인지를 규정할 수 없다고 생각해보자. 이 이름들이 당신이 누구인지 나타내지 않는다면, 당신은 '누구인가?' 그 질문에 대한 답을 다이어리에 적어보라. 긍정적인 반응이든 부정적인 반응이든 스스로 표현할 수 있게 하라.

내 감정 적어보기

하루를 마무리하면서 다이어리를 꺼내어 그날 하루 동안 느낀 모든 감정을 적어보라. 아침에 처음 눈을 떴을 때부터 다이어리를 쓰는 시점까지 기억을 전부 떠올려보자. 사소한 것까지 기억나는 모든 감정을 적어보라. 그다음 날은 하루를 시작할 때 다이어리를 가지고 나가라. 어떤 감정을 의식적으로 느낄 때마다 다이어리에 그것을 메모해두라. 그 감정을 느끼게 된 이유까지 적을지는 원하는 대로 결정하면 된다. 하지만 어떤 감정이 여러 번 느껴져도, 감정을 느낄 때마다 모두 적어야 한다는 것을 잊지 말자.

이제 이틀 동안 기록한 내용을 비교해보라. 이 훈련에 최선을 다했다면 둘째 날 작성한 목록이 첫째 날보다 훨씬 더 길 것이다. 당신은 하루 동안 느끼는 감정이 너무도 많아 모든 감정을 일일이 다 적는 게 거의 불가능하다는 사실을 깨달았을 것이다. 그리고 둘째 날에는 감정을 느낄 때 훨씬 더 그것을 의식하게 되었을 것이다. 그에 반해 첫째 날에는 대부분의 감정들을 제대로 의식하지 못한 채 흘려보내고, 두드러진 감정만을 기억해냈을 것이다. 여기서 우리가 기억해야 할 점이 있다. 우리가 의도적으로 감정을 의식하려 하지 않는다면 대부분의 감정들은 그냥 흘러가거나, 더 심각하게는 우리가 스스로 그 감정들을 느끼지 못하도록 차단한다는 것이다. 이 훈련은 우리 삶에서 감정적 영역이 얼마나 간과되었는지, 그리고 양육 환경과 문화가 감정을 중요하지 않고 가치가 없는 것으로 만들었다는 사실을 여실히 드러내준다.

당신이 기록한 모든 감정은 아무리 작고 사소한 것이라 할지라도 내면의 힘이나 상처, 혹은 그 둘의 조합에서 비롯된 것이다. 이러한 감정의 원천들은 의식하든 의식하지 않든 당신을 날마다 지배하고 있다. 이 원천들은 당신을 위해 결정을 내려주며, 인간관계를 형성하고, 기회를 찾아주거나 잃어버리게 한다. 이는 의식적인 선택이 아니라 우리 내부에 있는 신경 연결 통로를 통해 작동한다. 당신이 작성한 목록에서 '나쁜' 감정들에 특히 주의를 기울이되 그것이 얼마나 많은지 판단은 삼가도록 하자. 이 훈련은 매일 당신이 느끼고 있는 감춰진 고통을 확인할 수 있는 기회다.

당신은 자기 삶에 더 깊이 관여하기를 원하지 않는가? 자기 운명의 주인이 될 수 있을 만큼 자신을 잘 이해하고 싶지 않은가? 매 순간 느끼는 감정을 모두 기록하기는 힘들 수 있겠지만, 감정을 느끼는 자각 능력을 높여야 감정들을 알아채고 인정해줄 수 있다. 지금부터 스스로에게 여러 감정을 느끼는 것을 허락하고, 항상 밀어냈던 감정들을 인정해보자.

Chapter 2

어둠이 없으면 빛도 없다 : 긍정적인 생각의 그림자

"당신도 초민감자라고요?"

그녀는 다정하게 웃으며 물었다. 나는 손에 들고 있던 커피잔을 조심스레 감싸 쥐고 웃으면서 고개를 끄덕였다. 내가 왜 이 만남을 수락했는지 잘 기억이 나지 않는다. 아마 호기심 때문이었을 것이다. 그녀의 SNS는 화려하면서도 독특한 분위기를 풍겼고, 긍정적인 생각으로 가득 차 있었다. 그녀는 '마법을 일으켜라'라고 적힌 하얀색 티셔츠를 입고 있었다. 그녀는 이메일 서명으로 '당신에게 사랑과 빛을 보내며'라는 문구를 사용하기도 했다.

"멋져요." 그녀는 완벽한 금발 곱슬머리를 뒤로 젖히며 대답했다. "정말 멋진 재능 아니에요? 그런 재능이 있다면 사람들이 자신의 빛을 볼 수 있도록 돕기가 훨씬 더 쉽잖아요. 저도 영매라서 다른 유리한 점이 있긴 하지만, 초민감자라니 아주 멋진 일이네요."

그녀의 말에 나는 알아차리지 못할 정도로 움찔했다. 순간적으로 그녀의 얼굴을 감싸 쥐고 흔들어 머릿속에 있는 허황된 생각을 쏟아내고 싶은 충동이 들었다. 나는 초민감자인 것이 재능이라고 말하는 소위 또 다른 '영적인' 사람을 참아줄 수가 없었다. 이게 그렇게 대단한 재능이라면 왜 나는 이토록 지쳐 있는가? 선물 같은 재능이라면 선물 영수증이라도 동봉되어 있단 말인가? 그렇다면 도대체 환불 규정은 뭐지?

항상 쾌활한 이 영적인 '사업가'에게 초민감자로 사는 것이 이루 말할 수 없이 힘든 부담이라고 어떻게 말할 수 있을까? 친구들과 사랑하는 사람들, 혹은 낯선 사람들의 내면적 고통에 연결될 때마다 그 고통의 원초적인 강렬함 때문에 바로 울음을 터뜨리게 된다는 걸 어떻게 설명할 수 있을까? 내가 어떻게 그녀에게 "당신의 긍정적인 말 속에는 진정성이 없어요, 저는 '그 이상'의 것을 원해요"라고 말할 수 있겠는가? 내가 원했던 것은 더 솔직하고 진실한 태도였다.

"네, 그렇죠." 나는 마음속의 말들을 홀로 삭이며 마침내 단조로운 어조로 대답했다.

나는 그녀가 이 대화의 이면에 숨겨진 내 진짜 감정을 감지해주기를, 그리고 공감의 기술을 발휘해 내가 느끼는 이 고통을 알아주길 기다렸다. 하지만 그녀는 그러지 않았다. 그녀는 최근에 도움을 준 고객 한 명을 어떻게 운명적으로 만나게 되었는지를 계속 이야기했다. 또한 끌어당김의 법칙, 부 실현하기, 빛을 수호하는 전사가 되는 것이 얼마나 중요한지에 대해 열변을 토했다.

그러다가 그녀는 갑자기 말을 멈추고는 잠시 내 어깨 너머를 바라보았다. "당신의 수호천사들이 내게 말해주길, 당신에게 무언가 필요하기 때문에 당신과 내가 만나게 되었다는군요"라고 그녀는 심각하게 말했다. "혹시라도 저에게 라이프 코칭을 받고 싶다면, 패키지 서비스를 소개해드릴까 하는데요……."

나는 속으로 '나의 수호천사들은 낯선 사람들에게는 말을 걸지 않는답니다'라고 생각했다. 하지만 그 생각을 입 밖에 내지는 않았다. 어쨌든, 나는 '영매'가 아닌 초민감자일 뿐이었다.

사람들은 주로 긍정적인 것과 자기 성장의 빛에 집중하며, 부를 실현시키고 기적을 일으키는 것만 받아들이려 한다. 하지만 초민감자의 성향을 다룰 때는 특히 자신의 어두운 측면을 잘 관리할 수 있어야 한다. 어두운 부분을 인정하지 않는다면 자기 성장을 이룰 수 있는 가능성도 절반으로 줄어들고 만다. 우리는 빛과 어둠을 동등한 태도로 대하며 그 사이에서 균형을 이루는 법을 배워야 한다. 긍정성만 강조하는 뉴에이지적인 사고가 얼마나 왜곡된 것인지 알아야 한다. 그럴 때 우리는 자기실현을 이루는 데 한 발짝 더 다가갈 수 있다.

사람들은 누구나 그림자가 있다

•

지난 10년 동안 인기를 끌어온 진부한 뉴에이지 사상들은 기본적으로 모두 같은 메시지를 전달하고 있다. '당신은 반드시 빛 안에 머물 것이다. 어둠 속에서 헤매지 말라. 항상 긍정성에 초점을 맞추어 자신의 에너지를 높여라.'

하지만 말 그대로 우리 삶의 절반은 어둠 속에 있는데, 어떻게 항상 빛 안에만 머물 수 있겠는가? 하루가 끝나갈 때 밤은 필연적으로 오기 마련이다. 밤이 오면 완전히 새로운 풍경이 펼쳐진다. 아름다운 밤의 창조물이 등장하고 별빛과 달빛이 세상을 희미하게 비춘다. 한낮의 강렬한 햇빛 아래에서 특정하게 보였던 것들은 밤이 되면 완전히 다른 모습으로 바뀐다. 어둠은 우리가 사물을 다른 방식으로 바라보도록 해준다. 우리 내면의 어둠 또한 그렇다.

그림자 원형shadow archetype이라는 개념을 개발한 사람은 스위스의 유명한 정신과 의사이자 정신 분석가인 칼 융이다. 그는 그림자 원형을 '의식적 자아가 스스로 인식하지 못하는 성격의 무의식적인 면'이라고 설명했다. 기본적으로 그림자는 바람직한 '긍정적인' 면으로 만들어진 것이 아니라, 어두운 면으로 만들어진 것이다. 당신은 이 어두운 면을 철저히 거부하거나 무시해야 한다고 배웠을 것이다.

그러나 우리는 모두 그림자를 가지고 있다. 그림자가 없는 것처럼 행동한다고 해서 실제로 그것이 없어지지는 않는다. 사실 자신의 그림자를 거부하면 할수록 그림자는 더욱 당신의 행동에 몰래 침투하려고 할 것이다. 그림자를 인식하고 이를 위한 공간을 내어주지 않으면, 그림자는 자신의 목적을 위해 당신을 조종하려 들 것이다.

만일 당신이 이유 없이 자기 파괴적인 행동 패턴을 따르고 있다면, 당신의 그림자가 몰래 기어 나온 것이다. 사랑하는 이들을 평소와 다르게 가혹하게 대하고 있다면, 그림자가 몰래 기어 나온 것이다. 좋은 행동을 하려고 할 때마다 무의식적으로 스스로 방해하고 있다면, 그림자가 몰래 기어 나온 것이다. 항상 관계에서 우위를 점하려 한다면, 그림자가 몰래 기어 나온 것이다. 주기적으로 짜증이 나고 밀실 공포증이 느껴진다면, 몸이 더 이상 억제할 수 없는 지경까지 당신의 그림자가 확장

되고 있다는 징후다.

하지만 자신의 그림자를 억누르지 않고 의식적으로 함께 가려고 할 때는 자기 파괴적인 행동 패턴과 불만을 해소할 수 있다. 자신의 어둠을 이해하고 잘 다룬다면, 타인의 어둠을 다룰 수 있는 직관과 식견도 길러진다. 이것은 초민감자에게는 필수적인 기술이다. 자신을 보는 눈이 없으면 당연히 타인을 보는 것도 불가능하다.

칼 융은 그림자가 '창조성의 기반'이라고 언급하기도 했다. 융은 그림자가 부정적인 무의식뿐만 아니라 긍정적인 무의식까지도 관할한다고 믿었다. 먼저 가장 약한 부분과 고통을 기꺼이 드러낼 때 비로소 가장 훌륭한 재능과 장점이 드러날 수 있다는 것이다.

자신의 그림자를 마주하는 순간이야말로 초민감자의 여정에서 큰 전환점이 될 것이다.

빛으로 가장하기: 당신의 모험을 스스로 선택하라

•

오늘날 긍정적 사고와 끌어당김의 법칙, 부의 실현을 가르치는 영적 스승이 넘쳐나지만, 우리 내면에 있는 진짜 불쾌한 부분은 완전히 무시당하거나, 더 심하게는 의도적으로 묵살당하고 있다. 나는 진부한 확언이나 무지개, 유니콘, 가짜 미소 등 긍정성을 상징하는 아이콘으로 받아들이기 힘든 감정들을 덮어버리는 행동을 '빛으로 가장하기'라고 부른다. 남자친구가 당신을 학대하는 것은 당신의 에너지가 너무 낮아서라고 말하는 허풍스러운 20대 인생 코치, 당신이 사랑을 갈망하는 것은 불안정함의 표현일 뿐이라고 말하는 잘생긴 명상 전문가, 혹은 (내가 가장 좋아하는 예로) 영적으로 깨닫고 싶다면 자아를 없애야 한다고 말하는 치료사들도 '빛으로 가장하기'에 해당한다. 우리는 지금까지 영적 지도자가 되려면 스스로 자아의 인간성humanness을 벗어던져야 한다고 말해왔다. 영적으로 깨우친 존재가 되기 위한 과정에서 비인간적인 것을 이상시하고, 인간적인 것은 부정적으로 인식해왔다.

안타깝게도 감정은 인간성의 영역에 속한다. 이 논리에 따르면 우리가 영적인 깨달음으로 가기 위해서는 감정, 특히 '부정적인' 감정을 제거해야 한다는 뜻이다. 항상 모든 감정을 느끼는 초민감자들에게는 더욱 안 좋은 소식이다. 당신이 삶을 경험하는 가장 중요한 방식이 제거해야 하는 사항이라면 얼마나 비극적인가!

당신이 초민감자로서 스스로를 강화할 수 있는 방법 중 하나는 자신의 인간성과 더욱 가깝게 연결되는 것이다. 자아와 인간성을 분리시키려고 하기보다는 그것을 완선한 신성의 일부로 봐야 한다. '빛으로 가장하기'는 당신에게 맞지 않을 것이다. 나쁜 감정을 긍정적인 생각으로 덮으려 하는 것은 당신에게는 효과가 없다. 당신은 '감정을 느껴야 하는 사람'이다. 당신은 모든 것들을 느낄 필요가 있다.

긍정적인 사고가 항상 좋지는 않다?

•

지금까지 많은 영적 지도자와 스승들이 사람들에게 왜곡된 뉴에이지적 사고를 주입시켜왔다. 그중에서도 가장 널리 알려진 몇 가지 명제가 있는데, 이 왜곡된 사고들은 모두 빛으로 가장하기 오류를 범하고 있다. 어떤 내용이 있는지 한번 살펴보자.

항상 현재의 상황과 지금 이 시간에 집중하라

현재를 가능한 한 의식하면서 사는 것은 좋은 일이지만, 고통스러운 과거가 여전히 발목을 잡고 있을 때는 '지금'에 완전히 집중하기 어렵다. 과거에 해결하지 못한 문제들이 남아 있으면, 그 문제들이 현재에 온전히 집중하지 못하게 하며, 삶을 바라보는 시각까지도 왜곡한다.

자신의 과거와 두려웠던 그 당시의 감정을 먼저 마주하고 난 후에야 끊임없이 당신을 따라다녔던 과거의 에너지를 떨쳐버리고, 건강하고 유익한 방식으로 현재에 집중할 수 있다. 만약 이것이 해결되지 않는다면, 과거의 에너지에 둘러싸여 '지금'에 집중할 여유가 없을 것이다. 과거를 직면하는 일은 초민감자에게는 더욱 중요하다. 초민감자는 모든 상황에서 깊은 감정을 느끼기 때문에 과거의 감정들을 잘 관리하지 못하면, 그것이 '현재' 경험에 계속 영향을 미칠 수 있다.

슬플 때는 긍정 확언을 활용하라

때로는 확언이 효과를 발휘하기도 한다. 확언은 우리의 생각을 더 생산적인 방향으로 바꾸는 데 도움이 될 수 있다. 하지만 깊은 상처가 있을 때는 오히려 긍정 확언이 부정적인 사고와 감정을 더 악화시킨다.

만약 당신이 부정적인 생각을 아주 강하게 하고 있다면, 그리고 이러한 생각의 패턴을 수년간 지속적으로 반복했다면, 진실과 너무 먼 긍정 확언은 간극을 메울 수 없을 만큼 큰 에너지 충돌을 일으킨다. 이 충돌은 결국 당신을 실패하게 하며, 현재 상태와 지향하는 목표 간 거리를 더 멀어지게 한다. 자기가 어디에 서 있는지 그 출발점을 스스로 속인다면, 목적지에 도달하기는 더욱 어려워지기 마련이다. 초민감자는 긍정 확언을 할 때 자기에게 거짓말을 하는 것 같은 생각에 내면에서 무언가 강하게 충돌하는 느낌을 받는다. 무엇보다도 자기가 느끼는 감정을 확인받고 싶어 하는 초민감자에게는 다른 종류의 확언이 필요하다. 이 장의 '오늘의 실천 리스트'에서는 민감한 성향을 가진 당신에게 더 효과적인 확언이 무엇인지 알아보고, 이를 활용해볼 것이다.

우리는 하나다

이 말은 어떤 면에서는 아주 실제적인 것이라서 더욱 다루기가 애매하다. 인간은 모두 하나의 거대한 그물망 안에서 불가사의하게 연결되어 있다. 이것이 사실이긴 하지만 그와 동시에 우리는 각각 개별적인 존재인 인간으로서 살아간다. 모든 사람은 놀랍도록 저마다 다른 성격과 양육 환경, 인생 경험, 관심사를 가지고 있다.

우리는 하나라는 왜곡된 사고는 종종 개인의 고통스러운 경험을 무시하는 데 활용된다. 이것이 더 큰 규모에서 적용되면, 개인의 이야기와 성장은 중요하지 않아지고 개인의 발전에 관한 만족감도 사라진다. 이 사고방식은 성차별주의와 인종차

별주의에도 영향을 미쳤다고 볼 수 있다.

모두가 하나라는 생각에 갇혀 개인적 경험을 잃어버리는 것은 초민감자에게는 매우 해롭다. 초민감자는 우리는 하나라는 생각을 이상향으로 받아들이기 전에 먼저 자신이 타인과 다른 독립적 존재임을 인식해야 한다. 사람들과 하나 되어야 한다는 생각도 초민감자에게는 좋지 않은 영향을 끼친다. 초민감자는 타인의 고통을 아주 쉽게 느낄 수 있기 때문에, 이 생각을 하면 감정을 확인받고 싶어 하는 자기 요구를 등한시하고, 개인의 경험과 타인의 이야기까지 간과할 가능성이 있다.

많은 사람들은 타인과 잘 어울려 하나 되어야 한다는 의무감을 가지고 있지만, 초민감자들은 그렇게 할 수 있는 능력과 기질을 이미 타고났다. 초민감자의 사명이란 먼저 다른 이들과 자신을 분리하는 것이다. 우리는 타인과 하나 되려 애쓰기 전에 자신의 독립성을 살펴보아야 한다. 초민감자들은 항상 하나 됨의 어두운 그늘을 가장 먼저 경험하는 사람들이다.

감정은 중요하지 않으니 무시하고 지나가도록 내버려두라

가능한 한 감정에 중립적 태도를 취하고, 감정을 무시하고 차라리 다른 일에 집중하는 게 더 건강하다고 말하는 사람들이 많다. 이들은 감정은 실제가 아니라고 하거나, 감정이 곧 그 사람 자체는 아니니 주의를 집중하지 말라고 이야기한다. 나중에 자세히 살펴보겠지만, 감정 중립성 유지하기가 에너지를 다루는 중요한 도구이긴 하나 '감정 무시하기'는 중립적 자세를 취하는 것과는 분명 다르다.

감정이 지나가도록 내버려두어야 하는 것도 맞지만, 감정은 유동적이고 끊임없이 변화하기에 우선은 감정을 제대로 인지하고 느껴야 한다. 감정을 당신에게 다가오는 파도라고 생각하고 이를 느껴보라. 파도가 곧 사라진다고 해서 그것이 실제로 존재하지 않거나, 당신에게 아무런 영향을 미치지 않는 것은 아니다.

내가 타인에게 보이는 반응은 모두 내 문제 때문이다

이 말은 '우리는 모두 서로를 비추는 거울이다'라는 왜곡된 생각에서 비롯되었다. 때로는 치유의 여정에서 다른 사람들의 모습을 통해 우리가 어디쯤에 있는지 비추어 보기도 하지만, 언제나 그렇지는 않다. 어떤 사람들은 누군가가 당신에게 무례하게 구는 이유는 상대가 당신이 무례하다는 것을 알아차려서라고 말한다. 그 무례함은 당신의 문제이지 상대방을 탓할 수 없다는 논리다.

이러한 논리는 피해자에게 책임을 전가하는 편리한 방법

이자 마음이 약한 사람들을 마음대로 조종하는 데 악용될 수 있는 사고방식이다. 물론 정말 타인에게서 자기 모습을 발견할 때도 있다. 그럼에도 분명히 어떤 경우에는 상대가 당신에게 나쁘게 구는 것은 단순히 그 사람이 나쁜 사람이기 때문이다. 만나는 모든 이들에게서 당신의 모습을 전혀 찾을 수 없을 것이라는 뜻은 아니다. 하지만 모든 이들이 당신의 모습을 비춰준다고 여기는 것은(그 모습이 좋은 모습이건 나쁜 모습이건) 자아도취적 태도를 낳는다.

초민감자는 이미 자신이 느끼는 에너지가 누구의 에너지인지 구별하는 데 애를 먹고 있다. 따라서 초민감자에게 우리가 서로를 비춰주는 거울이라고 이야기한다면 자기 생활을 분리하고 독립성을 기르기가 더욱 어려워질 것이다.

나는 내 현실을 창조할 수 있다

나는 이 말을 전적으로 믿고 있다…… '어느 정도까지는' 말이다. 당신의 생각 속에는 삶을 최고의 방향으로 바꿀 수 있는 능력이 잠재되어 있다. 이것이 맞는 말이긴 하지만, 한 가지가 빠졌다. 이미 다른 사람들이 만들어놓은 수백만 가지 현실이 있는 이 세상에서 새로운 현실을 만들어야 한다는 사실이다. 이는 당신이 원하는 바를 현실화할 때 큰 문화적 충격이 따를 수 있다는 의미다.

예를 들이 당신이 백인 남성 이성애자라면, 가부장적인 미국 사회라는 이미 만들어진 현실에 기반해 당신이 원하는 현실을 만들어내기란 그다지 어렵지 않다. 반면, 흑인 여성 동성애자이자 싱글맘이라면 이미 건설되어 있는 문화적 현실이 당신이 또 다른 현실을 만들어내려 할 때 방해할 것이다. 그에 대항해 새로운 현실을 만들어야 하기에 당연히 훨씬 더 큰 노력이 들어간다.

긍정적인 것에만 집중하라

> "부정적인 뉴스에는 주의를 기울이지 말라. 부정적인 영향을 받아 상태가 더 악화될 것이다. 그 대신 사랑과 빛에 초점을 맞추고, 긍정적인 것에만 집중하라!"

이러한 말은 현실을 부정하고 억압하도록 만드는 아주 편한 방법이다. 하지만 만약 모두가 좋은 것에만 집중한다면, 고통을 받고 있는 무고한 사람들은 어떻게 도울 수 있겠는가? 길거리에서 폭력을 당하고 있는 사람을 보고도 '나는 이 상황을 외면하고 이 세상의 사랑과 빛에 집중하겠어'라고 생각하는 것이나 마찬가지다. 긍정적인 것에만 집중한다고 폭력을 가하는 사람의 마음을 바꾸지는 못한다. 당신은 이러한 생각으로 무엇을 이루었는가? 이 질문에 각자 대답해보자.

초민감자는 이 왜곡된 생각이 어떤 결과를 가져오는지 더 잘 이해해야 한다. 초민감자는 인류의 고통과 아픔을 너무나 잘 알고 있기에 그들에게 이런 생각을 하도록 만드는 것은 인생 경험의 절반을 억압하는 셈이다. 초민감자에게 "긍정적인 것에만 집중하라!"고 이야기한다면 이는 "당신의 절반만을 허용하겠다!"라고 말하는 것이다.

지금까지 살펴본 왜곡된 사고는 '영적 우회spiritual bypassing'의 방식으로 사람들이 자신의 고통과 개인적 경험을 회피하도록 만든다. 그 결과 세상은 행복한 척하는 사람들로 가득해졌다. 사람들은 진짜 행복해서가 아니라 '행복해야' 하기 때문에 '행복한 척'하는 것이다.

사실 뉴에이지 철학의 진부한 말들은 대부분 제대로만 활용한다면, 인생을 바꾸고 큰 영향을 미칠 수 있는 잠재력이 있다. 그럼에도 많은 사람들은 영적인 여정을 시작할 때, 핵심을 빗나가곤 한다. 우리는 뉴에이지적 사고가 더 쉽고 충분히 그럴 듯하다고 생각하고 싶어 한다. 하지만 치유와 회복의 여정이 그렇게 간단하고 쉽다면, 얼마나 멋지겠는가?

절벽에서 뛰어내리는 상황에 비유하자면 이론상으로 이 개념들은 내가 절벽에서 뛰어내릴 때 나를 날 수 있게 해줘야 한다. "내겐 마법 같은 힘이 있어. 난 날 수 있어!" 하고 외쳐보지만, 발목에는 무거운 납덩어리가 묶여 있어 고통은 민낯을 드러낸다. 물론 현실을 새롭게 만듦으로써 다시 날 수 있는 날개를 달아주는 것도 필요하지만, 발목에 묶여 있는 납덩어리를 스스로 인지하고 제거하지 않는다면, 곧 다시 바닥으로 곤두박질치게 될 것이다. 내 짐을 지고 갈 수 없다면 날개도 무용지물이다.

우리를 날지 못하도록 하는 무거운 짐은 밝은 것만 보려고 무시해온 어린 시절의 고통, 학대, 피해 의식, 불쾌한 감정이다. 우리의 영혼이 절벽에서 뛰어내리는 듯한 상황에서 만약 감정이라는 짐의 실제 무게와 성질을 가늠하지 못한다면, 날아오를 수 있는 가능성은 현저히 줄어든다.

당신을 날지 못하도록 주저앉히는 무거운 짐은 무엇인가? 이 장의 실천 리스트에서는 이러한 뉴에이지 개념과 관련된 당신의 경험을 돌아보고, 한계에 부딪혔던 지점이 어디였는지 진단해볼 것이다.

그림자 마주하기: 내 안에는 피해자와 악당이 산다

자신의 그림자를 파악하려면 먼저 그림자가 무엇이며 어떤 것을 원하는지 알아야 한다. 이 과정을 더 쉽게 하기 위해서 처음 그림자를 마주할 때 그림자를 두 가지 역할, 즉 '피해자'와 '악당'으로 나누어보기를 권한다.

피해자(또는 결백한) 그림자는 당신이 다른 이들에게 당했던 모든 나쁜 일이 만들어낸 그림자다. 악당 그림자는 당신이 다른 이들에게 저지른 나쁜 행동이 만들어낸 그림자다. 이 두 가지 그림자는 어떤 상황에 대해 각각 다른 반응을 보여주며, 당신의 내면에서 발현되어 충동적인 행동을 이끌어낸다. 당신에게 있는 가장 바람직하지 못한 특성들이 이 둘 사이에서 생겨난 것이다. 앞으로 피해자와 악당을 의인화하는 훈련을 통해 이전에는 접근하지 못했던 내면의 비밀과 지식의 원천에 이르게 될 것이다.

당신 안의 피해자는 누구인가? 그들은 어떻게 생겼으며, 나이는 몇 살인가? 그들의 습관은 무엇인가? 그들은 무슨 이야기를 가장 많이 하는가? 사람들이 삶에서 당신에게 어떻게 했기에 이런 인물이 만들어졌는가? 그렇다면 당신의 악당은 어떠한가? 당신의 악당은 어떤 종류의 게임을 즐겨 하는가? 당신이 삶에서 타인에게 어떤 행동을 했기에 이런 인물이 만들어졌는가? 이렇게 피해자와 악당을 의인화해볼 때 당신 안에 내재되어 있는 진짜 모습들이 드러나기 시작한다.

내게 찾아온 고객 로즈는 피해자 그림자를 의인화해달라는 요청을 받았을 때, 내면의 피해자가 자기보다 훨씬 어린 작은 아이라는 것을 알게 되었다. 이 어린아이는 항상 머리를 숙이고 작은 소리로 웅얼거렸다. 로즈는 꽤 어린 나이에 성적 학대를 당했고, 항상 자신은 힘없는 위치에 있다는 생각을 하게 되었다.

그 결과 성인이 된 후에도 내면의 피해자는 기꺼이 자신의 힘을 포기할 수 있는 상황들을 찾으려 애썼다. 이런 태도는 특히 성적인 부분에서 두드러졌다. 가족들은 그녀가 감정적으로 고통을 겪고 있었을 때 그녀 곁에 있어주지 않았다. 그래서 그녀 안의 피해자는 '아무도 자기를 도와주지 않을 것'이라는 믿음이 강했다. 어떤 사람이든 결국 도움이 필요할 때는 곁에 있어주지 않을 것이라는 생각에 인간관계도 오래 유지하지 못했다. 로즈는 직장과 직장 사람들이 자신을 부당하게 대한다며 끊임없이 불평했다.

로즈는 어린 시절 부당한 대우를 받았고, 그녀 안의 피해자는 이 생각을 계속 고수하려 했다. 그녀는 거의 모든 상황에서 피해 의식을 느꼈는데, 이는 무엇보다도 그녀 안의 피해자가 자기 모습을 드러내고 싶어 했기 때문이다. 그녀 안의 피해자는 관심과 인정을 받기 원했다. 그런데 긍정적이고 애정 어린 방식으로 관심을 받지 못하자, 상대방에게 자신의 힘을 넘겨줄 기회를 보며 관심을 끌기 위해 필사적으로 노력했다.

반면 로즈 안에 존재하는 악당은 피해자가 되기를 거부했다. 그녀는 감정적으로 상처 입을 수 있는 상황으로부터 자기를 보호하려고 사람들과의 관계를 잘라냈다. 누군가가 자기를 무시한다고 느껴지면 앙심을 품고 복수하려고 했다. 또한 좋아하지도 않는 남성들을 유혹하는 것을 즐겼고, 그런 방식으로 자기가 그들보다 더 힘 있는 위치에 놓여 있다는 우월감을 만끽했다. 힘을 발휘하고 남성들을 조종하면서 흥청거리며 놀았고, 남자들이 그녀 앞에서 통제력을 잃는 모습을 보며 비웃었다.

피해자와 악당의 모습이 완전히 상반된 것처럼 보이지만, 겉으로 모습을 드러내는 방식이 다를 뿐이지 사실은 그렇지 않다. 자기를 탐색하는 과정에서 자신이 정반대의 모습들을 가지고 있다는 사실을 알게 되면, 그때가 진실을 대면한 순간이다. 피해자와 악당은 서로를 키워주고 격려한다. 한쪽이 없으면 다른 한쪽도 존재할 수가 없다. 악당은 보통 피해자가 되고 난 후에 악당이 된다. 악당의 주된 임무는 당신이 다시는 피해자가 되지 않도록 막는 것이다. 피해자의 주된 임무는 필요한 모든 방법을 동원해서 이진에 받지 못했던 관심을 받고, 나쁜 일이 벌어지기 전에 순수함을 지켜내는 것이다.

당신은 이 이야기를 듣고 생각할 것이다. '정말 너무 심하네요! 누가 그런 두 가지 모습을 드러내고 싶겠어요?' 하지만 정말 재미있는 부분은 여기서부터다. 당신이 가장 좋아하는 TV 프로그램과 영화, 책들을 떠올려보라. 그 이야기 속에 등장하는 선한 인물과 악당을 생각해보라. 개인적으로 내가 가장 좋아하는 이야기들은 악당들이 선한 인물이 되기도 하고, 선한 인물들이 악당이 되기도 하면서 두 역할을 오가는 이야기다.

악당이 어떤 변화도 없이 시종일관 나쁜 짓만 하는 이야기는 곧 지루해진다. 선한 인물들이 어떤 변화도 없이 시종일관 선한 행동만 하는 이야기도 곧 지루해진다. 악당이 스스로 발전하며 선행을 할 때, 우리 가슴은 따뜻해지고 이야기는 흥미로워진다. 마찬가지로 선한 역할이 야비하고 파괴적인 경향을 보일 때, 우리는 만족감을 느낀다. 이런 모습이 사람들의 실제 삶을 더 정확하게 보여주기 때문이다. 또한 그 과정에서 인물의 발전과 성장을 볼 수 있어 이야기가 더 흥미롭게 다가온다.

자신의 그림자를 기꺼이 들여다보고자 할 때, 당신 안의 피해자가 한 단계 더 성장한다. 당신 안의 악당이 선한 행동으로 범위를 확장하는 것 또한 볼 수 있다. 어떤 때는 당신의 선한 자아가 흥미로운 방탕에 빠지는 모습도 보게 될 것이다. 이런 식으로 자아의 다양한 면을 발견하는 것은 훨씬 더 재미있는 일이다. 당신의 그림자는 인생의 경험을 백만 배는 더 흥미롭게 해준다.

여기서 가장 멋진 부분은 바로 당신 안의 피해자와 악당을 알게 되면, 아무것도 파괴하지 않고도 그들을 삶의 일부로 받아들일 수 있다는 점이다. 또 때로는 이러한 모습 그대로 살아갈 수도 있다.

예를 들면, 나는 남편에게 가끔 내 안의 피해자를 위한 별도의 공간을 달라고 요구한다. 그리고 스스로에게 그 상황에 대해서 피해자로서 반응해도 된다고 허락한다. 이렇게 함으로써 나는 내 안에 피해자가 존재한다는 사실을 확인하고 인정한 것이다. 나는 그 공간에서 피해자의 생각(비록 보통 때는 그런 생각을 하지 않는다 할지라도)을 표현한다. 이것은 내 안의 피해자의 입장에서 생각을 표현한 것이므로 남편과의 관계에는 해가 되지 않는다. 일단 이렇게 한 번 하고 나면, 그런 생각을 주기적으로 드러내고 싶다는 마음은 사라진다.

악당의 경우도 마찬가지다. 내 안의 악당은 과거의 트라우마로 생겨났는데, 다소 유혹적인 여자의 모습을 하고 있다. 하지만 안전하고 친밀한 배우자와 함께 있을 때에는 악당이 나와서 조금 활동하도록 해도 된다. 이렇게 함으로써 악당의 존재를 인정하고 악당이 자신을 표출할 수 있는 안전한 공간을 제공할 수 있다.

당신의 삶에서 내면의 피해자와 악당을 어떻게 드러낼 수 있을까? 당신의 일부인 이들이 밖으로 나와 활동할 수 있는 공간을 어디에 만들어줄 수 있을까? 당신이 신뢰하는 배우자나 친구가 있다면, 이 개념을 함께 공유하고 서로 숨겨진 자기 모습을 드러낼 수 있는 안전한 공간을 허용해줄 수 있다.

하지만 피해자와 악당이 표출하는 모든 반응을 그대로 드러낼 수는 없다. 누군가에게 상처를 주지 않고는 드러낼 방법이 없기 때문이다. 그런 경우에는 창조적인 표현법을 활용해볼 수 있다. 피해자에 관한 노래를 작사하거나, 악당에 관한 서스펜스 소설을 쓰거나, 그들을 그림으로 그리거나, 춤으로 해석해 표현할 수 있다. 방법은 수도 없이 많다. 물론 이는 우리의 그림자를 단순화하기 위해 하는 훈련이지만, 단순한 활동에서 시작해 나중에는 에너지를 분리하고 그들을 정확하게 묘사하는 습관을 기를 수 있다.

피해자와 악당의 경험을 의인화하고 인정할수록 당신은 이런 경험들을 자아와 더 잘 통합시킬 수 있을 것이다. 자신의 어두운 면과 긍정적인 관계를 맺는다면, 삶의 모든 측면에서 어두운 면이 슬금슬금 기어 나와 당신의 관계를 소리 없이 망가뜨리는 일을 막을 수 있다. 자기를 더 잘 알수록 삶에서 일어나는 결과를 더 잘 통제할 수 있다. 자신의 어두운 면과 잘 지낼 수 있다면, 마르지 않는 창조와 치유의 샘을 만나게 될 것이다. 반대로 자신의 어두운 면을 무시하거나 억압하려 한다면, 장애물에 막혀 당신이 원하는 대로 세상을 변화시킬 수 없을 것이다.

민감한 나를 위한 오늘의 실천 리스트

여기서는 먼저 당신의 삶에 영향을 끼치고 있는 왜곡된 사고가 무엇인지 알아볼 것이다. 그 후 당신이 스스로 고통을 마주하고, 인정하고, 변화시킬 수 있는 건강한 방법을 함께 살펴보자.

왜곡된 뉴에이지적 사고

당신이 알고 있는 뉴에이지 개념 중 기분을 낫게 해줘야 마땅한데 실상은 그러지 못했던 개념들이 있다면, 몇 가지를 다이어리에 적어보라. 당신의 그림자가 무엇인지, 그리고 그 어두운 부분이 얼마나 중요한지 생각해보고, 당신이 이 개념들을 받아들이지 못하는 이유가 무엇인지 생각해보자.

고통 전환 확언

내면의 그림자를 마주하는 과정에서 긍정적인 생각을 제대로 활용하는 방법이 있다. 긍정 확언 대신 '고통 전환 확언'을 하는 것이다. 고통 전환 확언은 먼저 고통을 마주하고 인정한 다음 이를 긍정적인 것으로 바꿔주는 확언이다.

고통 전환 확언을 만들 때는 고통을 인식하는 서술문으

로 시작해야 한다. "나는 ______ 에 상처받았다." 첫 번째 문장은 당신이 고통을 느끼고 있다는 사실을 인식하고, 여기에 이름을 붙이기 위한 것이다. 그다음 문장은 "나는 ______ 을 알고 있다"로 시작한다. 두 번째 문장을 만드는 목적은 앞서 이름 붙인 고통을 내면의 지혜로 전환시키는 것이다. 지혜는 언제나 고통에서 나온다. 햇빛과 무지개 같은 긍정성은 내면의 지혜를 보여주지 못한다. 명확한 고통과 감정의 그림자만이 당신을 지혜에 이르도록 해준다.

다 적었다면 이제 그 문장들을 큰 소리로 읽어보라. 그것이 당신에게 맞는 확언인지 아닌지 당신은 알 것이다. 그 문장이 당신이 느끼고 있는 고통의 지점을 정확히 짚었다면, 순간적으로 내부에서 불꽃이 일어나는 느낌을 받을 것이다. 고통의 강력한 힘이 느껴질 것이다.

이 과정이 어떤 효과가 있는지 확실히 이해가 가지 않는다 해도 걱정할 필요는 없다. 몇 가지 부정적인 감정을 가지고 연습해보라. 먼저 고통에 이름을 붙이고 난 후 그 고통을 지혜로 전환하는 순서를 따르며 진행하라. 이 과정은 필요에 따라 짧고 간단하게 진행할 수도 있고, 길고 장황하게 진행할 수도 있다. 중요한 것은 당신이 적은 문장들을 소리 내어 읽었을 때, '어떤 느낌이 드는가'다.

다음은 상황별로 고통 전환 확언을 만드는 예시들이다.

① 불쾌한 감정: 나는 부정적인 감정과 다른 사람들의 고통에 휩싸여 있다.

→ 고통 전환 확언: 나는 다른 사람들의 고통에 상처받았다. 이 뛰어난 공감 능력으로 나는 이 지구상에 존재하는 삶의 다양한 영역들을 더 온전히 경험할 수 있으며, 나의 기쁨과 타인의 기쁨에 감사하고, 고통만큼이나 깊이 그 기쁨을 느낄 수 있음을 알고 있다.

② 불쾌한 감정: 나는 내 민감성을 제대로 이해받지 못한다고 느낀다.

→ 고통 전환 확언: 나는 내 민감성을 이해받지 못해서 상처받았다. 민감성은 아름다운 것이고, 굳이 고쳐야 할 점이 아니라는 사실을 알고 있다. 민감하다는 것은 직관과 관련된 시냅스의 연결망이 방대하다는 뜻이다. 이 섬세한 시냅스는 내 심장에서 시작해 심장에서 끝난다.

③ 불쾌한 감정: 나는 홀로 남겨지는 것이 무섭다.

→ 고통 전환 확언: 나는 완전히 홀로 남게 될지도 모른다는 생각에 상처받고 겁에 질려 있다. 용기 있게 이 두려움에 맞서고, 독립이라는 자연 그대로의 고립 상태에 빠지려면, 나 자신을 더 잘 이해해야 한다는 것을 알고 있다.

④ 불쾌한 감정: 나는 반복적으로 나르시시스트(자기애성 성격장애)에게 학대받는 인간관계에 빠지고 만다.

→ 고통 전환 확언: 나는 반복적으로 학대받는 인간관계에 빠지는 것에 상처받았다. 나는 이 패턴에 갇혀 있지 않으며, 진실된 자기 계발 노력과 자기애로 이 카르마(업보)에서 벗어날 수 있음을 알고 있다.

⑤ 불쾌한 감정: 왜 나는 다른 사람들을 위해 스스로를 양보할까?

→ 고통 전환 확언: 나는 타인들의 감정적 요구를 수용하려고 자신을 양보하는 성향 때문에 상처받았다. 이런 행동이 그들이나 나 자신을 진정으로 돕는 게 아님을 알고 있다. 나를 있는 그대로 드러낼 때 더 단단하고 의미 있는 인간관계를 만들 것이다.

고통 전환 확언의 목표는 말 그대로 고통을 아름답고 위로가 되는 어떤 것으로 전환시키는 것이다. 이 확언은 단순히 고통을 대체할 다른 위로를 찾는 게 아니라, 고통을 활용해 치유에 이르도록 도와준다.

고통스러운 감정 몇 가지를 적어보고 자신만의 고통 전환 확언을 만들어보라. 첫 번째 목표는 자기 감정을 있는 그대로 인정하는 것이고, 두 번째 목표는 그 고통을 치유의 도구로 전환하는 것이다.

당신 안의 피해자는 누구이고, 악당은 누구인가?

다이어리에 한 페이지에는 당신의 피해자를, 다른 한 페이지에는 당신의 악당을 묘사해보자. 당신 안의 피해자와 악당에 관한 모든 것을 적어보라. 그들의 생김새는 어떠한가? 나이는 몇 살인가? 습관, 선호하는 색깔, 선호하는 음악은 무엇인가? 어떤 옷을 좋아하는가? 사람들이 당신 안의 피해자에게 무슨 짓을 했는가? 당신 안의 악당은 사람들에게 무슨 짓을 했는가? 피해자와 악당에 관한 상황을 각각 자세하게 설명해보라.

그렇다고 너무 심각하게 받아들이지는 마라. 이 훈련은 당신이 어떤 마음가짐으로 참여하느냐에 따라 의외로 재미

있는 작업이 될 수도 있다. 당신 안의 피해자와 악당을 판단하려 들지 마라. 그저 그들을 재미있는 캐릭터처럼 바라보면 된다. 그들에 대해 긍정적인 해석을 내놓을 필요는 없다.

다 적었다면 쓴 글을 읽어보라. 이 글은 두 캐릭터에 관한 것이다. 두 캐릭터는 영화에서 배역을 따내고 싶어 안달하는 배우와도 같다. 어떻게 하면 그들이 당신의 삶을 파괴하지 못하게 하면서도 그들을 인정해줄 수 있을까? 어떻게 그들에게 관심을 보여줄 수 있을까? 그들을 안심시키기 위해 당신은 어떤 말을 해줄 것인가? 당신 안의 피해자를 구현해내기 위해 친구가 필요한가? 당신 안의 악당에 대해 쓰려면 음울한 이야기를 써야만 하는가? 그렇다면, 피해자와 악당은 어떤 모습으로 나타나기를 원하는가? 이 답을 함께 찾아가보자.

Chapter 3

민감성은 어디에서 시작되었을까?
: 핵심 상처

새 한 마리가 내 자그마한 손 위에서 뻣뻣하게 굳어가고 있었다. 미네소타주 북부에 있는 할아버지의 오두막 창문에 새 한 마리가 부딪힌 것이었다. 그 새의 회청색 깃털은 여섯 살이었던 나의 손가락보다 크고 길었다. 나는 새를 구할 수 있을 것이라 생각했다. 아니, 구하고 싶었다. 새를 담을 상자를 찾아 바닥에 수건을 깔고 그 안에 모이와 물을 넣어주었다. 그리고 다친 새가 회복되기를 바라며 간절한 눈빛으로 새를 지켜보았다. 처음에는 살아날 기미를 보이는 것 같았다. 약간 몸을 옆으로 비틀려는 것처럼 보이기도 해서 나는 새가 숨을 쉬고 있는지 계속해서 주시했다.

내가 다친 새를 돌보고 있다는 사실을 알게 된 아버지는 못마땅한 기색을 드러냈다. 아버지는 새는 죽은 것이나 마찬가지이니 그냥 내버려 두는 편이 낫다고 말했다. 그것이 자연의 순리라고 말이냐. 내가 새를 발견한 날 마침 아버지가 기분 나쁜 일이 있어서 그렇게 말한 것인지는 잘 모르겠다. 그때까지만 해도 아버지는 생명체들을 돌보는 백설공주 같은 내 성향을 지지해주었기 때문이다. 하지만 그날 나는 아버지의 말을 듣고 내 자신이 멍청하게 느껴졌다. 곧 죽을 생명체를 돌보는 게 바보 같은 일처럼 느껴졌다. 거절당한 느낌이었다. 내 동정심과 민감성은 이 세상에는 전혀 맞지 않는 것이었다. 나는 그때 아버지가 죽어가던 작은 새처럼 나를 알아주지 않는다고 느꼈다.

내 손에서 생명이 꺼져가던 새의 모습은 구멍 난 가슴속에서 사라지지 않았다. 태어나서 처음으로 공감의 쓰라린 아픔을 느낀 때였다. 나는 그때 처음으로 매우 가슴 아픈 감정적 고통을 느꼈다. 이것이 바로 '핵심 상처'다. 핵심 상처가 생기면 이를 중심으로 다른 상처들이 주변을 둘러싸게 된다. 가장 핵심적이고 기본적인 상처가 보살핌을 받거나 수용되지 못하면, 그와 관련된 상처가 계속 쌓인다.

모든 사람이 핵심 상처를 가지고 있지만, 초민감자에게는 핵심 상처를 찾아내는 일이 더욱더 중요하다. 초민감자는 매우 민감하고 감정에 주파수를 잘 맞추므로 핵심 상처가 일반 사람들보다 훨씬 더 크게 느껴질 수 있으며, 그러한 강렬한 상처의 고통 위에 삶의 기반이 형성될 가능성이 크다. 만약 삶의 기반이 고통 위에 세워졌다면, 그 후로 삶에서 겪는 모든 일들은 그 기반을 거쳐 똑같은 상처를 만들어낸다. 따라서 핵심 상처를 발견하고 극복하는 것은 삶의 기반을 재설정하는 중요한 과정이다.

당신의 핵심 상처를 찾아라

우리는 모두 가슴속에 저마다 죽은 새 이야기를 간직하고 있다. 사람마다 각자 다른 핵심 상처를 가지고 있는데, 초민감자의 핵심 상처는 보통 공통적인 맥락이 있다. 주로 자기 민감성이 거부당하거나 인정받지 못한다는 느낌을 최초로 경험했을 때 생긴 상처다. 당신이 처음으로 감정적 고통을 느낀 것이 언제였는가? 처음으로 떠오르는 기억은 무엇인가? 몇 가지 기억이 있겠지만 가장 어린 시절의 기억에 초점을 맞추어보라. 당신은 당시 몇 살이었는가? 그 기억 속에는 누가 나오며, 장소는 어디였는가?

이 핵심 상처는 감정적 고통의 구조를 만드는 데 기반이 되는 아주 중요하고 기초적인 사건이다. 사람들은 대부분 평생

이 구조를 기반으로 해 살아가지만, 모든 경험이 서로 연결되어 있으며 그 원인이 어린 시절의 상처에 있다는 사실은 깨닫지 못한다. 우리가 적극적으로 자기감정을 인식하려고 하지 않는다면, 이러한 고통이 매우 동떨어져 있으며 상관없는 것이라고 느낄 수도 있다. 우리는 감정적 고통이라는 최초의 청사진을 사용해 이 구조에 어떻게 새로운 고통이 더해지는지 알아봐야 한다.

건축가가 건물을 이루는 각 조각의 형태와 기능을 이해하면서 건물을 바라보듯, 감정적 고통의 구조를 제대로 이해해야 감정의 원천이 무엇인지, 더 나은 구조 체계를 만들기 위해 어떤 부분을 허물어야 하는지 명확히 알 수 있다.

죽은 새 한 마리 때문에 평생 고통받는다고? 지나친 과장으로 들릴 수 있다. 하지만 연못에 돌을 던질 때를 생각해보면, 연못에는 돌 자체가 주는 충격보다 훨씬 더 큰 파문이 일어난다. 핵심 상처도 마찬가지다. 핵심 상처는 '무대', 즉 정서적 분위기를 만들어주며, 그 뒤에는 이러한 분위기를 긍정하거나 부정하는 행동이 계속 따라온다.

만약 당신의 부모님과 가족이 민감한 아이를 어떻게 양육해야 하는지 알고 있었다면, 아마 당신은 애정 어린 성장 과정 덕분에 핵심 상처의 영향을 크게 받지 않았을 것이다. 하지만 많은 초민감자들은 가족이 민감성을 알아보고 적절히 양육하는 방법을 잘 몰라서 가정에서 상처를 받는다. 사람들은 간혹 누군가의 감정을 이해할 수 없을 때, 비난이나 분노를 퍼붓는다. 그런데 그 대상이 초민감자라면 상황은 더 악화된다. 처음에는 민감성을 거부당한 하나의 상처에서 출발했지만, 계속 거부당하는 상황들이 반복되면서 상처가 눈덩이처럼 커져 고통스러웠던 분위기를 사실로 받아들이게 된다.

"당신한테 개인적 감정이 있어서 한 말은 아닐 거예요."
"당신은 너무 감정적으로 반응하는군요."
"아, 그만 좀 하세요, 당신은 괜찮다고요."
"왜 그걸 못 잊나요?"
"화내지 마세요."
"슬퍼하지 마세요."
"이 세상에서 살아가려면 더 강해지셔야겠네요."

초민감자는 자라면서 이런 말을 자주 듣는다. 초민감자의 민감성을 이해하거나 인정하지 못하는 사람들, 혹은 그러지 않으려는 사람들이 이렇게 말하곤 한다. 우리는 이 말에서 초민감자들이 무엇을 가장 두려워하는지 확인할 수 있다. 그들이 이 세상에서 그저 편하게 살아가기에는 너무 민감하다는 사실이다. 살아가면서 고통스러운 경험들이 더해질수록 감정적 고통의 구조는 더욱 단단해진다.

그렇다면 당신의 핵심 상처는 무엇인가?
당신의 감정적 고통은 어디에 기반하는가?

내면의 아이는 그때 그곳에 있다

•

핵심 상처는 고통의 기반을 형성할 뿐만 아니라 심령 분야에서 '영혼 상실'이라고 부르는 현상을 일으킨다. 영혼 상실은 트라우마를 겪을 때 트라우마의 고통으로부터 보호하기 위해 영혼의 한 부분이 분열되어 떨어져 나오는 것을 의미한다. 분열된 영혼의 한 조각은 삶의 완전함을 위해 필요한 활력 에너지vital energy를 품고 있다. 어느 시점이 되면 우리는 이 잃어버린 영혼의 조각들을 되찾아야 한다.

우리는 모두 살아가면서 여러 번 영혼 상실을 경험한다. 이 현상은 생각보다 훨씬 더 흔하게 발생한다. 인생의 여러 단계를 거치면서 수많은 영혼의 조각들이 분리된다. 영혼 상실이 일어날 때, 그 영혼의 에너지는 분리되었을 때의 나이와 정신 상태를 그대로 유지하고 있다.

죽은 새 때문에 울고 있는 내 안의 여섯 살 아이를 찾았을 때, 그 아이는 여전히 여섯 살이었고 자신의 민감한 성향을 불안해하며 미네소타주 북부에 있는 할아버지의 오두막에 머물러 있었다. 당신의 내면의 아이 또한 처음으로 민감성 때문에 상처 입었던 그 나이일 것이다. 그리고 그 일이 일어났던 그 장소에 있을 것이다. 만약 당신이 그 장소에 관한 꿈을 꾼다면 더 그럴 가능성이 높다. 잃어버린 영혼의 조각들은 상처받은 채 숨어 있는 내면의 아이가 어디에 있는지 꿈속에서 보여줌으로써 우리 자신을 돕고 싶어 한다. 이 내면의 아이는 치유되기를 기다리며 숨어 있는 소중한 에너지다.

오랜 기간 학대를 경험한 사람과 심리적 분열 상태에 있는 사람은 다른 이들보다 영혼 상실을 경험할 가능성이 더 높다. 영혼 상실은 영혼을 방어하기 위한 전략이기에 트라우마에 많이 노출될수록 영혼은 자신을 더 보호하려고 할 것이다. 영혼은 육체적 차원이든 감정적, 성적, 심리적 차원이든 뭔가 나쁜 일이 발생했음을 알아차리면, 영혼의 에너지를 보호하기 위해 힘이 닿는 한 어떤 일이든 하려고 한다. 그래서 고통스러운 사건에서 분리되어 떨어져 나오는 것이다.

우리가 잃어버린 영혼의 조각들을 발견했을 때, 이들이 놀랍도록 힘이 세고 순수한 이유가 여기에 있다. 영혼의 조각은 트라우마가 생기기 직전과 같은 상태로 남아 있다. 우리가 겪었던 고통과 트라우마를 완전히 지워버릴 수는 없지만, 잃어버린 영혼의 조각들을 되찾아 그 힘을 우리의 자아와 다시 합치는 것은 가능하다.

영혼 상실은 '좋은' 감정과 '나쁜' 감정을 가르는 문화적 인식 때문에 더 급속히 확산되었다. 우리가 자신의 '나쁜' 부분을 밀어내거나 무시할수록 영혼 상실은 더 많이 일어난다. 당신이 자신의 일부분인 자아의 모습을 받아들이고 싶지 않다고 말한다면, 그들은 결국 그 말을 듣고 당신을 떠날 것이다. 그래서 어떤 경우에는 영혼 상실이 마치 평화를 찾은 것처럼 편안하게 느껴지기도 한다. 그렇게 '나쁜' 영혼의 조각들은 눈에 띄지 않는 곳에 숨어버리고, 감정에 압도된 초민감자는 받아들이고 싶지 않은 감정이 사라지자 안심하게 된다.

한동안은 효과가 있는 것처럼 보이겠지만, 억압된 고통은 항상 밖으로 나올 길을 찾는다. 고통을 피하려고 할수록 고통은 더 지속적으로 우리를 괴롭히고 어둠 속에서 우리를 조종하기 시작한다. 그렇기에 우리는 내면의 아이와 좋은 관계를 맺기 위해 노력해야 한다. 이 장의 말미에서는 내면의 아이를 만나고 되찾을 수 있는 명상 방법을 소개할 예정이다.

내면의 아이를 되찾으려면 그들이 '아이'라는 점을 반드시 기억해야 한다. 내면의 아이는 사랑과 이해를 받지 못한 채 자아에서 떨어져 나갔던 그때의 모습으로 남아 있다. 그렇기에 이 내면의 아이가 다시 자아로서 힘을 갖추려면 특정한 요구를 따라야 한다. 당신은 그들을 자신과 분리된 존재로 대우하고, 자식처럼 보살펴야 한다. 그들은 안전하며 사랑받고 있다고 느껴야만 다시 자아로 돌아가 통합될 수 있다. 그 당시에 필요했던 사랑을 지금 마음껏 느끼게 해주어라.

나의 내면의 아이는 민감성을 이해받고 인정받기를 원했다. 죽어가는 새에게 관심을 쏟아도 된다는 느낌을 받고 싶어 했다. 내가 내면의 아이를 존중하는 방법 중 하나는 내 의지대로 다친 생명체를 계속 돌보는 것이었다. 고양이를 피해 달아나는 아기 토끼에서부터 창문을 두드리는 새에 이르기까지 비록 가슴은 아팠지만 계속해서 죽어가는 생명체들을 돌보았다. 이 모든 것이 어린 시절 죽어가던 새와 있었던 일을 떨쳐버릴 수 없어서였다. 몇 년이 지나서야 나는 여기서 이런 의미와 메시지를 발견했다.

자기 목소리를 내고 진심을 표현하기를 두려워하지

말라. 단, 진심은 긍정적인 방향이나 부정적인 방향 모두로 발전할 수 있으며, 두 가지 다 타당하다는 사실을 명심하라.

내면의 아이는 당신에게 전달하고자 하는 메시지와 의미를 품고 있으며, 당신이 그들을 존중한다는 사실을 확인하고 싶어 한다. 그러므로 그들을 존중하는 방법을 찾음으로써 당신이 옆에 있다는 사실을 보여주어라. 나의 내면의 아이가 그랬던 것처럼 당신의 핵심 상처도 당신이 이 지구상에 존재하는 더 큰 목적이 무엇인지 비밀스러운 메시지를 전달하고 있을지도 모른다.

스스로 어머니가 되어 민감성을 돌보라

많은 초민감자들은 아주 깊은 '어머니 상처mother wound'를 가지고 있다. 어머니 상처란 민감한 아이로서 필요했던 보살핌을 받지 못했을 때 생긴 어머니와 관련된 상처다. 만일 당신의 어머니가 아주 엄격하고 감정적으로 억제되어 있었다면, 당신은 어머니 상처를 가지고 있을 것이다. 어머니가 지나치게 감정적이고 고압적이어서 아이인 당신에게 어머니의 역할을 떠맡겼다면, 당신은 어머니 상처를 가지고 있을 것이다. 어머니가 당신을 버리거나 감정적으로 무관심했다면, 당신은 어머니 상처를 가지고 있을 것이다.

초민감자로서 받은 어머니 상처는 매우 깊어서, 성인이 된 후 형성한 인간관계에도 영향을 미칠 가능성이 크다. 이 상처를 해결하기 전까지는 형태는 조금씩 다르지만 모든 인간관계에서 계속 똑같이 상처 입는 자신을 발견할 것이다.

어머니 상처에 접근하는 방식은 내면의 아이에게 접근하는 방식과 같다. 상처받았던 그 당시에 필요했던 것을 지금 자신에게 주어야 한다. 만일 어머니가 당신의 민감성을 돌봐주지 않았다면, 당신은 지금 자신의 민감성을 돌보아야 한다. 어머니가 가장 어두운 시기에 곁에 있어주지 않았다면, 당신은 지금 자신의 편에 서서 함께 있어줘야 한다. 마치 어머니처럼 자기 자신을 돌보는 법을 배워야 한다. 당신의 핵심 상처가 어머니와 직접적인 관련이 없다 할지라도 핵심 상처를 다룰 때 자신을 돌보는 능력은 다른 어떤 것보다도 중요하다.

자신을 어머니처럼 보살피는 일은 쉽지 않다. 당신의 마음 한편에서는 이 말에 반감이 들고, 이 일이 매우 불공평하다고 느낄 수도 있다. 당신은 원했던 대로 어머니에게 사랑받을 자격이 있는 사람이다. 이 사실을 스스로 알고 있기에 반발심이 생기는 것이다. 당신은 그런 어머니를 가질 자격이 있었고, 지금도 그럴 자격이 있다. 나는 당신이 다른 사람에게서 그런 어머니의 모습을 발견하거나, 당신의 진짜 어머니가 그렇게 변화할 것이라고 말할 수 있었으면 좋겠다. 하지만 그런 일은 좀처럼 일어나지 않는다. 어머니 역할을 대신해줄 다른 사람을 못 찾을 수도 있다. 당신의 생각이 맞다. 이건 완전히 불공평하다. 다른 감정과 마찬가지로 부당하다는 감정도 이해받고 인정받아야 할 필요가 있다. 하지만 지금은 한 단계 성장해 자신을 보살펴야 할 때다.

자신을 보살피는 가장 쉬운 방법은 기본적인 일부터 시작하는 것이다. 엄마의 품에 안기고 싶은 충동이 느껴질 때, 안길 품이 아무 데도 없다면 작은 일부터 시작해보자. 자신의 마음속을 들여다보며 스스로에게 이렇게 물어보라. "어떻게 하면 지금 당장 나를 보살필 수 있을까?"

물 한잔 마시기, 맛있는 식사하기, 낮잠 자기, 아니면 샤워하기와 같은 작은 일도 괜찮다. 자신의 요구를 충족시키는 방향으로 한걸음씩 나아가는 것이 자신을 어머니처럼 돌보는 길이다. 이 작은 걸음들이 쌓이면 더 큰 걸음을 내딛을 수 있다. 스스로에게 이렇게 물어보라. "나는 지금 어머니가 내게 뭐라고 말해줬으면 하는가?" 그리고 당신이 듣고 싶은 그 말을 스스로에게 편지로 써서 전해보자.

나의 고객 중 하나인 키이라는 항상 어머니의 부재 속에서 자랐다. 그녀는 어머니가 안 계실 때에는 두 언니들과 함께 지냈는데, 한 언니가 키이라에게 정서적, 육체적으로 엄청난 충격을 줄 정도로 그녀를 괴롭혔다. 그녀는 그때 이런 일이 일어나도록 그냥 내버려둔 어머니에게 배신감을 느꼈다. 의도적으로 그녀에게 상처를 준 언니에게 배신감을 느꼈고, 그것을 제지하지 않고 지켜보기만 한 또 다른 언니에게도 배신감을 느꼈다.

키이라가 상담을 하러 나를 찾아왔을 때, 그녀는 최근에 한 무리의 여자 친구들에게 배신을 당했다며 이에 관해 주로 이야기했다. 한 친구는 그녀를 희생양으로 삼아 괴롭혔고, 다른 이들은 그것을 지켜보기만 했다. 당시에는 그것을 깨닫지 못했지만 키이라는 어렸을 때 받은 오랜 상처의 패턴을 반복하고 있었고, 성인이 된 후에도 인간관계에서 어머니 상처의 영향을 받고 있었다. 그녀가 이 연결 고리를 찾아냈을 때, 나는 그녀에게 친구들이 말해줬으면 하는 모든 말을 스스로에게 하도록 했다. 그녀가 했던 말은 모두 어머니와 언니에게서 듣기 바랐던 그 말들이었다.

내면의 아이를 보듬을 때 일어나는 일

•

내면의 아이를 위로하며 보살피는 과정에서 당신은 매우 감정적으로 반응할 수도 있다. 내면의 아이에게 지금은 안전하며, 이제 너를 돌보아주겠다고 확신을 줄 때 처음 자신과 분리되도록 만들었던 모든 고통스러운 감정들이 다시 떠오를 수 있다. 그들은 그 고통 속에서 이해받고 사랑받기를 원했다. 그들에게 안전하다고 이야기함으로써 당신은 스스로에게도 안전하다고 말하고 있는 것이다. 내면의 아이와 연결될 때 울고 싶은 아주 강렬한 충동을 느끼게 되더라도 놀라지 말고 어떤 감정이 올라오든 그대로 느껴보라.

이렇게 자기를 찾아가는 작업은 사실 정말 버거운 과정이다. 내면의 아이를 되돌아오게 하는 일은 퍼즐의 한 조각에 불과하다. 또 다른 조각은 내면의 아이에게 계속 머물도록 확신을 주면서 자아와 완전히 하나될 수 있도록 돕는 것이다. 처음 내면의 아이를 회복하고 하나가 되기까지는 어느 정도 시간이 걸릴 수 있다. 모든 과정은 고통스럽고 불편할 것이다. 이 버거움을 줄일 수 있는 것이 '즐거움'이다.

내면의 아이를 완전히 통합시키고 잘 보살피는 비결은 즐거움에 있다. 아이들이 자기가 처한 환경 속에서 배우고 발전하려면 즐거움을 느껴야 하듯이 내면의 아이를 이해하고 당신과 함께 머물게 하려면 무엇이 필요한지 알아가야 한다. 이는 새로운 친구에 대해 알아보는 것만큼이나 독특한 과정이다.

내면의 아이와 좋은 관계를 맺는 것은 치유를 위한 필수적인 요소다. 내면의 아이에게 질문을 던지면 그 관계가 크게 달라질 수 있다. 내면의 아이는 아이들이 하는 것 같은 활동을 같이 해주기를 원한다. 이는 영혼 상실이 일어난 당시에 내면의 아이가 좋아했거나 하고 싶어 했던 활동일 것이다. 내면의 아이가 무엇을 하고 싶어 하는가?

색칠 공부를 하고 싶어 하는가? 그렇다면 새로운 색칠 공부 책과 색연필을 구입하라. 춤을 추고 싶어 하는가? 그렇다면 춤을 춰라! 인어공주 놀이를 하고 싶어 하는가? 그렇다면 그들을 데리고 해변에 가서 마음껏 놀아보라. 가장 좋아하는 색깔이 노란색인가? 그렇다면 옷장에 노란색 옷을 준비해두어라. 가장 좋아하는 음식이 스파게티인가? 그렇다면 저녁 식사로 스파게티를 준비하라.

내면의 아이의 성향과 민감성을 존중하고 기쁘게 받아들이는 이러한 행동은 그 존재를 자아와 온전히 통합시킬 뿐만 아니라, 다시 아이가 된 것 같은 큰 기쁨을 줄 것이다.

내면의 아이는 각자 사람마다 다른 모습으로 나타난다. 나의 고객 중 한 사람은 말괄량이로 자란 여성이었는데, 나중에 군대에 입대하게 되었다. 그녀의 내면에 있는 아이는 억눌려 있는 자신의 여성스러움을 느끼고, 발산하는 활동을 할 수 있길 바랐다. 내면의 아이는 남성적인 의무감과 질서 의식에 다소 숨 막혀 했고, 자유로워지기를 원했다. 그녀에게 자유란 옷을 차려입고, 머리를 손질하고 화장을 하고 여자 친구들과 댄스 파티에 가는 것을 의미했다.

이러한 행동은 전통적인 여성상을 유지하려고 그녀 자신을 완전히 바꾸기 위한 것은 아니었다. 그녀는 이를 통해 내면의 아이가 간절히 원하던 것을 경험하게 했고, 그 결과 내면의 아이를 붙들어 자아와 통합할 수 있었다.

또 다른 고객은 내면의 아이가 똑똑해야만 한다는 강박적인 생각을 하는 남성이었다. 그는 어린 시절 배워야 한다는 의무감 때문에 배움을 즐기지 못했다. 어렸을 때 학습 장애를 진단받은 그는 가족들과 선생님에게 매번 지적 능력을 증명해보여야 한다고 생각하게 되었다. 그와 상담하는 도중에 그의 내면에 존재하는 아이가 호기심을 참지 못하고 내게 다가와 내가 하고 있던 에너지 치유를 직접 해보고 싶어 했다. 그 내면의 아이가 원했던 바는 압박감을 느끼거나 사람들이 어떻게 생각할지 걱정할 필요 없이, 단지 호기심과 재미를 위해서 새로운 무언가를 배우는 것이었다.

나의 내면의 아이는 동물 애호가다. 그래서 그녀가 나와 머무는 조건 중 하나는 강아지를 기르는 것이다. 강아지는 내게 이 세상에서 가장 큰 치유를 주는 생명체가 되었다. 우리는 강아지와 놀고 강아지를 보살피고 껴안아주었다. 불행히도 강아지는 이 세상에 오래 머물지 못했다. 하지만 우리가 강아지와 함께 보낸 시간 덕분에 내면의 아이는 서서히 치유되었고, 자아와 하나가 될 수 있었다. 그 후 나는 자연스럽게 자신을 너무 심각하게 받아들이지 않게 되었고, 삶의 재미와 즐거움을 더 풍성하게 느끼게 되었다. 내면을 치유하는 작업을 하다 보면 주로 그림자 같이 어두운 상처를 대면할 수밖에 없다. 이 작업이 성공적이고 지속적으로 이어지게 하려면, 이 같은 즐거움이 전적으로 필요하다.

당신의 내면의 아이는 어떤 조건을 원하는가?
당신과 함께 있으려면 내면의 아이에게 무엇이 필요한가?

내면의 아이와 마주하는 것은 계약 협상과도 같다. 당신은 내면의 아이가 진정으로 필요한 것을 확실히 줄 수 있어야 한다. 무엇이 그를 행복하게 하는지 물어보라. 그리고 그것을 제공하기 위해 최선을 다하라. 어떻게 그를 보살필 수 있을까? 내면의 아이에게 즐거움을 가져다주는 방법을 안다면, 다시 자아에서 분리되는 일은 없을 것이다.

즐거움은 마법 같은 일을 현실화할 수 있는 가장 강력한 힘이다. 당신이 아이 같이 즐거워할 수 있다면, 삶에 엄청난 변화가 일어날 것이다. 이러한 즐거움이 특히 강력한 이유는 감정적인 고통을 인정하고 확인해줄 때 생기는 즐거움이기 때문이다. 그리고 이것은 초민감자의 고유한 능력이라 할 수 있다.

어머니 상처를 치유하는 데에는 시간이 걸린다. 하지만 '나는 나를 도와줄 엄마가 없어'라는 생각을 '어떻게 하면 나를 엄마처럼 돌볼 수 있을까?'라는 생각으로 바꾼다면 더 빨리 치유에 이를 수 있다.

나는 자신을 보살피고 돌보는 방법을 배우고 또 배우면서, 어머니 상처를 극복하기 위해 끊임없이 노력하고 있다. 아마 당신도 어머니 상처를 극복하려 끊임없이 노력하고 있거나, 이미 노력을 시작했는지도 모른다.

이 극복 과정은 초민감자라면 누구에게나 지난한 과정이며, 수많은 시행착오와 자신과의 소통이 필요하다. 자립할 수 있는 힘을 기르는 훈련인 한편, 그 당시 필요했던 사랑하는 사람이 자신의 곁에 없었던 것을 애도하는 달콤 씁쓸한 훈련이기도 하다. 어머니 상처를 극복해나가는 과정에서 놀라우리만치 깊고 넓은 내면의 기반이 생길 것이다. 이 기반 위에서 당신은 어떻게 독립적이고 강한 인간이 될 수 있는지 지속적으로 배워갈 것이다.

민감한 나를 위한 오늘의 실천 리스트

이제 당신의 핵심 상처와 내면의 아이를 찾아볼 차례다. 결코 쉬운 과정은 아니지만, 이 과정은 당신을 깊은 치유의 세계로 인도하며, 잃어버린 힘을 되찾게 해줄 것이다.

핵심 상처 기억해내기

당신이 기억하는 최초의 감정적 고통은 언제인가? 그 기억 속으로 빠져보라. 상황이 어떠했는가? 당신은 어디에 있었으며 몇 살이었나? 다이어리에 그때의 경험을 자세히 적어보자. 여러 감각을 활용해보라. 당신은 무엇을 보고, 듣고 있는가? 어떤 냄새를 맡고, 무엇을 맛보고, 느끼고 있는가? 고통스러운 기억이 하나가 아닐지도 모른다. 그래도 괜찮다. 각 경험에 대해 다이어리에 적어도 된다. 경험 하나하나가 당신이 되찾고자 하는 영혼의 조각과 긴밀히 연관되어 있을 것이기 때문이다. 하지만 되도록 가장 어린 시절의 기억에서부터 시작하라. 그것이 가장 기본이 되는 상처일 가능성이 크다.

내면의 아이를 되찾는 명상법

다른 이들의 방해를 받지 않는 편안한 장소를 물색하라. 휴대폰 전원을 끄고 자리를 깨끗하게 정리한 다음 촛불을 켜거나 향을 피우는 등 편안한 방식을 택하고, 음악을 틀어보라. 당신의 마음을 편안하게 해주는 음악이라면 무엇이든 좋다.

편안히 앉거나 눕는다. 어느 쪽이든 당신에게 가장 편안한 자세를 취한다. 처음에는 몇 분 동안 코로 숨을 들이마시고 입으로 숨을 내뱉는 깊은 호흡을 한다. 몸이 이완되는 느낌이 들 때 당신의 핵심 상처가 발생한 시간과 장소로 거슬러 올라간다. 유리나 부드러운 폭포수와 같은 투명한 장벽을 걸어서 통과하는 자신의 모습을 마음속에 떠올려본다. 당신은 다른 세계와 시간 속에 들어와 있다. 내면의 아이가 있는 장소로 들어온 것이다.

주변의 환경이 형태를 갖출 때까지 잠시 기다려라. 원한다면 주변을 둘러보라. 당신의 핵심 상처가 생겼을 때와 똑같아 보일 것이다. 아니면 약간 다르게 보일 수도 있다. 그곳에 있는 게 어떤 느낌인지 느껴보라.

이제 당신의 내면의 아이를 찾아보자. 내면의 아이는 당신에게 바로 오거나 당신을 보고 숨을 수도 있다. 아이를 찾았을 때 아이는 어떠한 감정을 느끼고 있을 것이다. 당신을 보고 미소를 짓고 행복해할지도 모른다. 트라우마로 구석에 웅크리고 숨어 있을지도 모른다. 당신에게 화가 나 있을 수도 있다. 어떤 모습을 하고 있든 그들을 인내심을 가지고 부드럽게 대하라.

내면의 아이를 마주하고 나서 당신의 존재에 익숙해질 수 있도록 몇 분 정도 기다려라. 그가 무슨 말을 하고 싶은지 실제로 말하지 않아도 알 수 있을 것이다. 어떤 도덕적 판단도 내리지 말고, 그가 어떻게 느끼는지 당신에게 말하게 하라. 다 듣고 나서 당신의 입장에서 그 이야기를 설명해주고, 당신이 그를 돌보아주기를 원하며 이제 안전하다고 말해주어라. 처음에는 당신을 거부할지도 모른다. 그러면 사랑으로 확신을 주어야 한다.

내면의 아이가 편안함을 느끼고 당신에게 돌아올 때까지 순수한 의도로 서로 소통하고 그를 마주하라. 그가 행복해지고 당신과 함께하려면 무엇이 필요한지 물어보고, 그것을 주겠다고 진심으로 약속하라. 다른 무엇보다도 내면의 아이가 이해받고 인정받고 있다고 느끼도록 해야 한다.

명상을 마치고 나면 명상을 하면서 경험한 것을 기록해 보자. 이제 당신이 내면의 아이에게 약속한 것을 실행할 시간이다. 그는 당신 곁에 머물기 위해 무엇이 필요하다고 말했는가? 무엇을 좋아한다고 말했는가? 언제든 고요한 명상에 빠져 그에게 질문할 수 있다.

당신이 한 약속을 실제 행동으로 옮기자. 내면의 아이가 원하는 것을 한번 해보는 것이다. 색칠 공부 책을 사거나, 가장 좋아하는 음식을 만들 수도 있다. 내면의 아이를 위해 해변으로 갈 수도 있다. 가장 좋아하는 색상의 옷을 입거나, 반려동물을 길러보자. 그게 무엇이든지 그에게 기쁨을 가져다주는 일을 해보자. 내면의 아이는 당신과 함께할 때 안전하고 즐겁다는 것을 보여주지 못하면 당신 안에 머물러 있지 않으려 할 것이다.

Chapter 4

내 감정을 어떻게 표현해야 할까?
: 감정 에너지

나는 내가 그렇게 하고 있다는 사실과 그 이유를 인식하기 전부터 감정을 의인화해왔다. 어렸을 때부터 너무 고통스러운 감정을 많이 느꼈기에 감정을 다스리기 위해 그것을 기록해야만 했다. 이런 감정들을 이야기할 상대도 없었다. 감정을 기록하고 의인화하는 것이 크게 도움이 될 때도 있었지만, 어떤 때는 그저 약간 도움이 되었을 뿐이다. 하지만 이것이 내가 생각해낼 수 있는 유일한 방법이었기에 계속 감정을 기록했다. 나는 몇 번이고 계속해서 마음의 고통, 우울, 희망, 갈망 같은 나의 감정들을 적어나갔다.

시간이 지나면서 일부 동일한 감정들이 반복해서 엄습하자, 내 기록은 더 세밀해지고 시적으로 변해갔다. 그 감정들을 더 이상 그냥 이름으로만 부를 수 없게 된 것이다. 나는 감정과 관련해서 숨통을 틔울 더 큰 공간이 필요했고, 감정을 제대로 이해하고 싶었다. 그래서 나는 동일한 감정을 고유한 성격과 특징을 가진 사람으로 의인화해 구분하기 시작했다.

고통은 바늘로 된 속눈썹을 가진 아름다운 여성의 모습으로 나타났다. 그녀는 자신이 아름답다는 것을 알고 있었고, 사람들에게 가까이 가고 싶었지만 상처만 주게 될 것 같았다. 만약 그녀가 누군가에게 키스를 하면 속눈썹이 상대의 얼굴을 긁어 상처를 입힐 거라는 사실을 알고 있었다. 우울함은 파란색과 노란색 물감을 한데 섞어놓은 팔레트를 들고 있는 여성이 되었다. 그녀는 음울한 기지를 갖춘 예술가였고, 빌리 홀리데이 Billie Holiday의 '글루미 선데이 Gloomy Sunday'를 반복해서 들으며 반 고흐의 그림을 따라 그리기를 좋아했다.

모든 감정에는 스토리가 있다. 여러 등장인물이 내 인생이라는 무대 위에 순서대로 올라가 스토리를 펼쳐낸다. 비록 이 감정들은 상상과는 거리가 멀긴 하지만 내게는 거의 상상 친구가 되었다. 이들은 내 안에서 각자의 개성을 친밀하고 힘 있게 드러내는 살아 있는 감정이다. 그 당시에는 몰랐지만 나는 에너지를 알아보는 가장 효과적인 기술을 스스로 터득한 것이었다. 이것은 지금도 내가 활용하는 기술이다.

항상 모든 감정을 다 느끼는 것은 초민감자의 삶을 아주 혼란스럽게 만든다. 우리는 어렸을 때부터 '좋은' 감정과 '나쁜' 감정이 있다고 배웠기에 모든 감정들을 이렇게 분류하려 하는데, 사실 이것은 매우 어려운 일이다. 감정을 '좋은' 것과 '나쁜' 것으로 나눔으로써 초민감자는 더욱 고통스러운 경험을 하게 된다. '나쁜' 감정에는 거리를 두라고 강요하면 감정을 처리하는 능력을 키우지 못한다. 이렇게 감정을 차단해버리는 방법은 궁극적으로 우리의 감정이 무엇이며 그 감정을 어떻게 다루어야 하는지를 정확히 파악하지 못하도록 만든다. 모든 감정은 에너지이며, 에너지는 마치 서명처럼 독특한 특징을 지닌다는 사실을 깨닫는다면, 감정을 빠짐없이 정의하고 의인화하여 내면의 힘을 강화하는 데 활용할 수 있다.

감정은 에너지이며, 에너지는 고유한 특징이 있다

나는 모든 감정을 지속적으로 기록하면서 각각의 감정이 언제 어떻게 생겨나는지 깊이 이해할 수 있었다. 또한 고통스러운 감정을 이해하는 과정에서 모든 감정에는 고유한 '에너지 서명'이 있다는 사실을 발견했다. 에너지 서명은 감정을 나타내는 바코드와 비슷한 개념으로, 이 바코드를 알면 해당 감정을 쉽

세 규명하고 다룰 수 있다.

에너지 서명은 사람마다 다르다. 나의 불안을 나타내는 에너지 서명은 당신의 서명과는 완전히 다를 것이다. 에너지 서명은 개인적 경험과 직관을 바탕으로 만들어지기 때문이다. 나의 우울은 음울한 기지의 예술가이지만, 당신의 우울은 완전히 다른 누군가일 것이다. 내가 느끼는 우울은 당신이 느끼는 우울과 다른 감정이다. 당신의 우울이 어떤 느낌인지 정확히 알고 있다면, 당신의 감정과 타인의 감정을 구분할 수 있다.

이를 위해 먼저 자신의 감정이 어떤 에너지 특징을 가지고 있는지 알아보는 것이 좋다. 강한 감정을 경험하고 있을 때는 조용히 앉아서 감정을 느끼면서 그것을 시각화해보라. 이미지가 형체를 갖출 때까지 기다리고, 직관을 활용해 그 감정과 이미지를 가능한 한 완벽하게 묘사해보라.

그 감정은 무슨 색깔이고, 어떤 모양인가? 냄새나 촉감이 있는가? 어떻게 움직이며, 어디에 있는가? 감정의 모습을 최대한 자세히 그려보라. 만약 감정을 아주 강하게 느끼고 있다면, 이런 질문을 스스로 던져보자. 이 감정은 분노인가? 비통함인가? 정확히 무엇인가? 이 감정을 의인화한다면, 이름은 무엇인가? 무엇을 좋아하고 싫어하는가? 처음부터 깊게 파고들어가면 나중에 이 감정을 더 쉽게 알아볼 수 있다. 단순히 감정에 시각적인 형상만 부여하는 게 아니라, 그 감정의 실제 에너지와 연결되어 여러 에너지가 섞여 있는 데에서 이를 더 쉽게 인지할 수 있도록 이름을 붙이는 것이다.

만일 당신이 과거에 감정을 인식하거나 인정하는 데 어려움을 겪었다면, 처음에는 이 방법을 사용하는 게 가장 쉽다. 아마도 당신은 완전히 감정에 압도당해 어떤 감정이 자기 감정인지조차 명확하게 알기 어려웠을 것이다. 내가 느끼는 감정이 무슨 감정인지 이름도 모르는데 이를 세부적으로 묘사하라는 것이 말이 안 된다고 생각할 수 있다. 하지만 감정을 창의적으로 시각화해보면 각 감정에 관해 더 세부적인 정보들을 알아낼 수 있다. 결국 이런 정보가 쌓이면 다른 감정들 사이에서도 혼동 없이 특정 감정을 인지하게 된다. 감정을 이렇게 창조적인 방식으로 파악해나가면, 나중에는 감정과 소통이 가능해진다. 감정은 저마다 당신에게 전달하고자 하는 메시지를 가지고 있다. 하지만 감정이 존재하고 표출될 수 있는 공간을 내어주지 않는다면, 그 메시지는 전달될 수가 없다.

나의 고객 바네사가 숨이 막히도록 불안한 감정을 느낀다고 말했을 때, 우리는 그 감정에 대해 자세히 알아보기로 했다. 나는 그녀에게 그 감정이 어떤 느낌이며, 어떤 모습을 하고 있는지 설명해달라고 말했다. 그리고 그 감정에 이름을 붙여주라고 권했다. 나중에 알게 된 사실이지만, 바네사는 그녀가 느끼는 불안을 펄이라는 이름의 노부인으로 묘사했다.

펄은 핸드백을 가슴 쪽으로 붙여 꽉 움켜쥐고 다니는 거만한 여성이었고, 자기를 표현하는 데 망설임이 없었다. 펄은 자기 소유물이 안전한지 불안해했다. 이를테면 길가에 주차해둔 자동차를 누가 망가뜨리지 않을지, 아파트 문을 잠갔는지, 다른 이들이 자신의 물건을 만지는 건 아닌지 걱정했다. 우리가 펄에게 왜 물질적 소유물이 그렇게 중요한지 물었을 때 그녀는 "예전에는 그 물건들을 가지지 못했기 때문"이라고 대답했다.

바네사는 물질적으로 풍족하지 않았던 환경에서 어린 시절을 보냈다. 그녀의 어머니는 자식들을 좋은 학교에 보내기 위해 좋은 동네에 있는 집으로 이사했고, 그로 인해 가지고 있던 돈을 모두 써버리고 말았다. 거실용 소파를 살 형편이 안 되어 정원용 플라스틱 가구를 구입해 거실에 놓을 정도였다. 하지만 이후 다시 돈이 생기자 어머니는 바네사에게 자부심과 삶의 성취감을 느끼게 해주는 고급 제품이 얼마나 중요한지 늘 강조했다.

그래서 바네사는 자신의 소유물을 특별하게 생각하게 되었다. 즉, 자기 물건을 중요시하고 좋은 물건에서 느껴지는 자부심을 추구했다. 그녀에게 불안감이 엄습했을 때, 그녀의 불안을 상징하는 노부인 펄은 물질적인 것에 대한 친밀감과 그것을 잃게 될까 봐 걱정하는 두려움을 상기시켰다. 우리가 펄에게 더 많이 말을 걸고, 그녀가 말하는 것을 더 많이 들을수록 바네사의 불안은 줄어들었다. 그녀는 비록 거만하긴 했지만 바네사에게 도움이 되는 온갖 조언을 제공하는 길잡이로 자리 잡았다. 불안이라는 부정적 감정을 의인화함으로써 바네사는 그 감정을 배움의 도구이자 유용한 길잡이로 탈바꿈시킬 수 있었다.

그런데 경우에 따라서는 감정 에너지가 자신의 메시지를 표현하고 소통하는 데 그다지 유연하지 못할 때가 있다. 부정적인 감정이 그저 부정적으로 남아 있기를 원할 때는 우리가 그들의 마음을 돌리기 위해 할 수 있는 일이 별로 없다. 공황 상태의 불안이 그 예다. 공황은 원초적인 과열 흥분 상태를 말하며, 이 상태에서는 큰 충격을 받은 것 같은 진동수가 계속 유지된다. 이때 공황 상태를 바꾸려고 하기보다는 감정을 진압하여 그것이 당신의 삶을 지배하지 못하도록 하는 것이 더 중요하다. 공황 상태의 에너지 서명을 표현한다면, 집을 날뛰며 돌아다니는 덩치 큰 남성이라 할 수 있다. 그는 소리를 지르며 가구를 넘어뜨리고, 선반의 물건들을 흩트리고, 모든 것을 깨뜨리고, 당신과 대화하기를 거부한다.

에너지 서명 체계를 구축하는 일은 수년 동안 당신의 몸속에 살고 있었던 작은 그렘린(기계에 원인 불명의 문제나 고장을 일으키는 상상 속의 작은 요정 — 옮긴이 주)을 발견하는 것과도 같다. 그중에는 당신에게 실질적 조언을 주고 싶어 하는 거만한 노부인도 있고, 문제만 일으키는 말썽꾸러기도 있다. 감정은 고유한 특징을 가진 캐릭터와 비슷하다. 이 장의 실천 리스트에서는 당신의 에너지 서명 체계를 만들어볼 것이다. 이렇게 감정에 캐릭터를 부여하면, 당신의 경험이 단순히 부정적인 감정을 느낀 것에서 그치지 않고 그 자체로 하나의 이야기가 된다. 또한 이 캐릭터를 이용해 감정을 이해하고 생산적인 방식으로 활용할 수 있다.

좋은 감정과 나쁜 감정이 있을까?

•

감정은 다루기 힘든 어린 짐승 같다. 인생의 전 영역에 영향을 끼치는 이 감정들을 모두 이해하기란 아주 어려운 일이다. 그래서 인간은 감정을 조금 더 쉽게 이해하는 방법을 개발했다. 모든 감정을 '좋은' 감정과 '나쁜' 감정으로 나누는 것이다. 우울, 불안, 질투, 분노는 '나쁜' 감정인 반면, 기쁨, 행복, 흥분, 평화, 사랑은 '좋은' 감정이다.

아주 어릴 때부터 아이들은 '좋은' 감정을 추구해야 한다고 배우고, 이 감정을 긍정적으로 인식하게 된다. 반면 '나쁜' 감정들은 추구해서는 안 된다고 배우며, 이 감정에 관한 부정적인 인식이 강화된다. 그 결과로 이분법적인 감정 개념이 형성되고 감정을 있는 그대로 느끼고 받아들이기 어려워진다. 이런 개념이 강화될수록 아이들은 외적, 내적으로 불균형한 공감 능력을 가진 성인으로 억압된 채 자란다. 모든 사람들이 어느 정도는 그렇다. 누구도 예외이기는 어렵다.

감정을 이분법적으로 바라보는 시각은 초민감자들에게 더욱 심각한 결과를 불러일으킨다. 공감의 본질은 모든 감정을 느끼는 것인데, 보통 고통이 기쁨보다 더욱 강렬하게 느껴진다. 이에 초민감자는 타인의 감정에 공감하는 본성을 바람직하지 못하고 받아들일 수 없는 것이라고 여겨 평생 수치스러워하며 살아간다.

따라서 많은 초민감자들은 마음의 어려움을 해결하려 자연스럽게 영적 커뮤니티에 이끌리게 된다. 그러나 영적 커뮤니티에 만연한 '긍정적인 생각' 운동은 감정을 이분법적으로 보는 시각에 기초하기에 초민감자에게 도움이 되기보다는 오히려 피해를 주기 십상이다. 긍정적인 생각 운동은 '나쁜' 감정을 대체해야 한다며 '좋은' 감정들을 과도하게 찬양하고, '나쁜' 감정을 느끼면 '좋은' 사람이 아니라는 인식을 심어준다.

나는 내가 겪고 있는 정서적인 고통을 깨달은 다음부터 몇몇의 치료사들을 만났다. 내 안에서는 강간, 식이 장애, 학대와 같은 아주 심각한 문제와 관련한 무거운 감정들이 올라오고 있었고, 표면 아래에서 끓어오르며 이해받고 해소되길 기다리고 있었다.

그런데 내가 치료사에게 이런 감정들을 표현하려고 하자, 치료사는 그 감정을 이야기하지 못하게 했다. 이야기하는 것만으로도 나쁜 감정에 관심을 집중하여 부정성을 키운다는 게 이유였다. 이 치료 과정을 진행하면서 나는 한 가지를 깨닫게 되었다. 그들은 모두 선한 의도를 가진 재능 있는 치료사였고, 치료 에너지는 굉장했지만 그 효과는 지속되지 않았다. 그들이 주는 선한 에너지가 내 깊은 부분을 바꿀 수는 없었다. 내 마음에서 치유 에너지가 정말 필요한 부분이 의도적으로 닫혀 있었기 때문에 받아들일 수 없었던 것이다.

어쩌면 당신 또한 비슷한 경험을 한 적이 있을지도 모르겠다. 어쩌면 치료사나 스승의 긍정적인 에너지를 느꼈지만, 그것이 당신에게 계속 남아 있지 않아서 답답했을 수도 있다. 당신은 긍정적인 생각을 해야 한다는 말을 받아들이려 노력했지만, 사실 완전히 동의하지 못한 적이 있는가? 그들이 말한 것 중에 당신에게 맞지 않는 것이 있었는가? 아니면 그들이 당신이 느끼는 감정에 대해 내심 수치심을 느끼게 만들었는가? 그렇다면 이는 당신에게 긍정적인 사고 이상의 무언가 필요하다는 신호다. 당신은 모든 감정, 즉 '나쁜' 감정까지도 다 느끼기를 원한다. 수치심 없이 모든 감정들을 느낄 수 있을 때까지 그들이 말하는 '좋은' 에너지는 당신에게 깊이 영향을 주기 어렵다.

그렇다고 긍정적인 생각 운동이 다 나쁘다는 의미는 아니다. 하지만 그 자체가 또 하나의 이분법적 사고방식의 결과이며, 이분법적 사고는 결코 완벽히 참일 수 없다. 이분법적 사고라고 무조건 나쁜 것은 아니지만, 그렇다고 무조건 좋은 것도 아니다. 더 중요한 것은 인간의 완전함을 추구하는 데 이분법적 사고를 어떻게 활용하는가다.

영적인 삶을 추구하는 많은 사람들은 이분법적 사고를 이용해 자신을 깨끗하게 하기를 원한다. 그들은 애초에 고통을 벗어던지고 싶어 영적 치유라는 방식을 찾았기 때문이다. 그래서 모든 것을 다 터득한 것처럼 보이는 소수의 행복한 명상 치료사들이 나오는 것이다. 하지만 실제로 이런 치료사들은 자신의 '나쁜' 부분을 인정하거나, 관심을 두려 하지 않기 때문에 영성이 깊지 않다. 이런 사고방식에 따르면 우리의 핵심 상처는 보통 '나쁜' 것으로 분류되는데, 이로써 정서적으로 성장할 수 있는 가능성이 더 줄어든다. 하지만 이른바 나쁜 부분을 긍정적인 자아에 통합시키는 것은 초민감자로서 성장할 수 있는 가장 확실한 방법이다.

> 우리는 모두 신성하고 빛나는 귀한 존재다. 그와 동시에 우리는 잘못된 결정을 내리고 불안해하는 불완전한 인간이다. 하지만 후자가 전자의 사실을 절대 부정하지 못한다는 것을 기억해야 한다.

감정을 표현하는 세 가지 방법

우리는 감정을 이분법적인 시각으로 구분해왔지만, 사실 어떤 감정도 완전히 나쁘거나 완전히 좋지는 않다. 각 감정에는 긍정적인 측면과 부정적인 측면이 함께 존재한다. 만약 당신이 자신의 감정에 주파수를 맞추고, 독특한 에너지 서명을 알아낼 수 있다면, 자신을 치유하는 데 감정을 활용할 수 있다.

감정을 나쁜 감정과 좋은 감정으로 나누는 대신, '신성한 감정', '해로운 감정', '중립적 감정' 세 범주로 나누어보자. 감정의 에너지 서명을 파악했다면, 그 감정이 전달하려는 메시지와 이 세 범주를 이용해 감정을 표현하는 법을 알 수 있다.

모든 경험과 감정은 다른 형태로 변형될 수 있다. 감정을 신성한 방식으로 표출하는 것이 이러한 사실을 활용한 방법이다. 당신은 고통 속에서 진실과 지혜, 아름다움, 사랑을 배울 수 있다. 감정의 신성한 표출을 통해 힘, 독립성, 창조성 등을 되찾을 수 있다.

'좋은' 감정을 신성한 방식으로 표현하기는 쉽다. 가령 동정심을 느끼고 노숙자 기관에서 자원봉사를 하는 경우가 이에 해당한다. 베풀 줄 아는 너그러운 마음으로 자신의 신념을 따라 돈을 기부하는 경우나 이타심으로 친구들과 가족을 돕는 경우도 그러하다.

반면 '나쁜' 감정을 신성한 방식으로 표현하기는 훨씬 어려우며 연습이 필요하다. 처음에는 에너지 서명을 활용해야 한다. '나쁜' 감정에 대한 에너지 서명 체계를 만들어 감정과 소통해보자. 에너지 서명을 활용하면 그 감정이 전달하고자 하는 메시지, 원하는 바 등을 훨씬 더 이해하기가 쉬워진다. 또한 어떻게 그 감정에 반응하고 그것을 표출할 것인지 선택하기가 수월해진다. 화가 날 때는 먼저 그 감정 속으로 깊이 빠져들어 에너지 서명을 알아내고, 정보를 쌓아가도록 노력해야 한다. 그때 분노 에너지를 치유 효과가 있는 무언가로 바꿔주는 활동을 할 수 있다.

예를 들어, 직장에서 성차별을 경험해서 매우 화가 났다면, 그 분노 에너지를 성차별 인식을 바꾸는 기사를 쓰는 힘으로 전환시킬 수 있다. 혹은 미뤄왔던 도보 여행의 열정에 불을 지피는 데 쓸 수도 있다. 아니면 그 에너지를 가지고 직장에서 여성 인권 단체를 조직할 수도 있을 것이다. 당신이 그 감정과 소통하고 있다면 감정 에너지가 무엇을 하고자 하는지 말해줄 것이다. 만약 당신이 질투심을 느낀다면, 그 감정은 당신이 여행을 계획하거나 버킷리스트에 있는 일 하나를 달성하기를 바랄 수도 있다. 모든 '나쁜' 감정은 좋은 것을 만들어내는 기능이 있으며, 감정과 소통할 때 나쁜 감정은 신성한 방향으로 표출된다.

우리는 대부분 감정을 해로운 방식으로 표출하는 것에 익숙하다. 어떤 감정 때문에 다른 이들이나 자기 자신에게 모질게 대할 때가 바로 이런 경우다. 보통 감정을 표출할 다른 선택지를 몰라서 이런 일이 발생한다. 하지만 그것은 당신의 잘못이 아니다. 당신은 좋은 감정과 나쁜 감정만 존재한다고 믿으면서 자랐고, 나쁜 감정은 피해야 한다고 머릿속에 이미 입력되어 있기 때문이다. 하지만 나쁜 감정을 오래 피할수록 이 감정을 해로운 방식으로 표출할 가능성이 커진다. 그리고 우리가 해로운 길로 들어섰다는 사실을 깨닫기 전까지는 방향을 전환하기도 어렵다.

그런데 '좋은' 감정들조차 해로운 방식으로 표출될 수 있다. 예를 들어 당신이 새로운 연인을 만나 행복해할 때, 친구나 가족과 소통하는 방식이 달라질 수도 있다. 아마도 세상이 온통 장밋빛으로 보여서 당신이 사랑하는 사람들이 무엇이 필요한지 보지 못할지도 모른다. 아니면 당신의 행복에 방해가 되는 것을 원치 않아 그냥 못 본 척하는지도 모른다. 이러한 예를 통해 우리는 감정이 이분법적으로 나뉠 만큼 간단하지 않음을 알 수 있다. 이는 '좋은' 감정의 에너지 서명을 알아내는 것이 그만큼 중요하다는 뜻이기도 하다.

세 번째로 감정을 중립적으로 표현하는 방법이 있다. 이 방식이 가장 어렵다. 일반적으로는 한동안 신성한 방식으로 표출하는 것에 집중한 뒤에야 이 방법을 쉽게 사용할 수 있다. 감정의 중립적 표출은 감정을 경험하고 그것을 굳이 드러낼 필요가 없다는 사실을 깨달았을 때 일어난다. 어린아이가 엄마를 부르며 울 때 엄마가 "그래, 그렇구나!"라고 답하며 아이를 무조건적으로 인정해주는 것과 같다. 이것이 당신의 감정이 당신에게 원하는 전부다. 감정을 신성한 방식으로 표현하는 것을 습관화하면, 감정은 변하기 시작하고 나중에는 점점 표현할 필요성을 느끼지 못해 중립적인 상태가 될 것이다.

감정에 중립적인 반응을 보이는 것은 TV에서 신경 거슬리는 광고를 보는 것과 비슷하다. 광고가 싫고 어떤 면에서는 거슬리고 방해가 되지만, 일단 광고를 보고 나면 더 이상 신경 쓰지 않는다. 중립성은 감정 표현의 가장 최고 단계다. 따라서 에너지 서명을 모두 익힐 때까지는 먼저 신성한 방식으로 감정 발현하기 연습에 집중하는 것이 좋다. 실천 리스트에서 에너지 서명을 알아내는 방법과 함께 감정의 세 가지 표현 방법에 대해 더 살펴보기로 하자.

마음껏 하소연하는 시간을 가져라

"자신을 불쌍히 여기지 말라"는 말은 아마도 당신이 수차례 스스로에게 해온 말일 것이다. 비슷한 말을 친구들과 가족에게서 들어본 적도 있을 것이다. 보통 여기에 이렇게 덧붙인다. "상황이 더 나쁠 수도 있었어!" 또는 "그래도 캐시보다는 네 상황이 나은 거야!"

이 말들은 이론적으로는 자기 연민을 우리가 가진 것에 감사하는 마음으로 전환시키려는 의도를 가지고 있다. 하지만 세계에 굶주린 아이들이 많다는 사실을 안다고 해서, 지금 남자친구에게 학대받고 있는 자기 상황에 더 감사하게 되는 것은 아니다. 물론 식탁에 올라와 있는 음식에 더 감사한 마음이 생길 수는 있으며, 그것은 바람직한 일이다. 하지만 그 사실이 어떻게 남자친구와의 관계를 개선해주겠는가? 그리고 당신이 현재 겪고 있는 문제와 아무 상관이 없다면, 캐시의 상황이 얼마나 안 좋은지가 무슨 상관이겠는가?

다른 이들이 당신보다 안 좋은 상황에 있다고 해서 당신의 문제를 아무것도 아니라고 치부할 수는 없다. 감사하는 마음은 아름다운 태도이지만, 당신이 가진 문제와 고통에 억지로 감사할 필요는 없다. 변화하고 싶은 부분에 대해 자꾸 스스로 감사하기를 강요한다면, 실제로 당신이 원하는 변화를 만들기는 어렵다. 당신이 자기 연민을 느끼는 데는 특정한 이유가 있다.

자기 연민은 당신에게 이렇게 말하고 있다.
"넌 내 말을 듣지도 않고, 나를 인정하지도 않아."
자기 연민은 당신이 속도를 늦추고 지금까지 살아온 삶을 되돌아보기를 원한다.

자기 연민의 감정과 피해 의식을 들여다보기를 거부한다면, 이것이 내면에서 점점 강화되어 감추려고 해도 살아가면서 계속 배어날 것이 분명하다. 어쩌면 당신은 오래전에 일어난 일로 인한 자기 연민을 극복하지 못해서 현재 관계 속에서 타인에게 끊임없이 무시당하고 있다고 느낄 수도 있다.

나는 그런 사람들에게 '마음껏 하소연하기'를 권한다. 당신의 내면에 있는 피해자를 위해 의식적으로, 의도적으로 마음껏 하소연하는 시간을 가져보라. 정해진 시간 동안, 보통 하루나 특정 저녁 시간을 정해 최대한 자기에게 연민을 느껴보라. 자신을 바꾸려고 하거나 더 긍정적인 방향으로 몰아가려고 하지 말고, 마음 놓고 연민의 감정에 푹 빠져보라. 사람들이 얼마나 당신에게 못되게 굴었는지 다이어리에 적어보라. 긍정적인 방향으로 몰아가지 않는 데 동의하는 친구들이 있다면, 그들 앞에서 어떤 것이든 분통을 터뜨리고, 억울했던 마음을 표출해보자. 정크 푸드를 질릴 만큼 먹고, 넷플릭스를 보는 사이사이에 한바탕 울고 욕하고 마음껏 감정을 터뜨려보자. 기분을 억지로 긍정적으로 바꾸려고 하지 않고 나쁜 감정을 있는 그대로 느끼도록 놔두는 것만으로도 기분이 좋아진다는 사실에 놀랄 것이다.

당신은 피해자였다. 그리고 당신의 일부는 여전히 피해자다. 피해자는 당신의 내면에 남아 있다. 자신의 피해 의식과 자기 연민을 진정으로 인정할 때 그 감정이 사라지며 당신이 지금껏 극복할 수 없었던 더 깊은 감정이 드러날 것이다. 자기 연민의 감정을 인정하고 자연스럽게 일어나도록 내버려두면 피해자로 전락하지 않으려는 절박한 충동이 사라진다. 그때 마음의 벽이 허물어지고 감정과 더 깊이 소통하게 된다.

마음껏 하소연하기의 비밀은 그 시간에 자기 연민의 감정만을 해소하는 것이 아니라는 점이다. 자기 연민은 당신이 겉으로 드러낼 수 없었던 부정적인 감정들을 한데 모아놓은 가면에 불과하다. 자기 연민을 드러낼 수 있는 공간을 만들어주면, 당신이 지금까지 밀어냈던 다른 감정들이 다시 들고 일어날 것이다. 뿌리 깊은 슬픔이나 분노를 느끼게 될지도 모른다. 억압되어 있던 트라우마가 목구멍으로 솟구치는 느낌을 받을지도 모른다. 지극히 정상이다.

자기 연민은 홀로 존재할 수 없는 감정이라는 점을 알아두자. 자기 연민은 수면 위로 모습을 드러내지 못했던 '나쁜' 감정들이 엉켜서 만들어진 응어리다. 수치심 없이 자기 연민을 발산하는 공간을 마련한다는 것은 곧 거의 모든 감정을 수치심 없이 표현할 수 있는 공간을 마련하는 것이다. 이른바 '나쁜' 감정들은 응어리를 해소할 공간이 필요하다.

마음껏 하소연하는 시간 한 번으로 자기 연민의 감정을 모두 해소할 수 없다면, 계속 반복적으로 해보자. 먼저 마음껏 하소연하는 시간을 정하라. 자기 연민을 있는 그대로 느낄 수 있는 다른 방법들을 시도해보라. 시간이 조금 걸리더라도 괜찮다.

나는 일부러 2주 내내 하소연하기 시간을 가진 적도 있다. 비참하고 게으른 시간이었지만, 결국에는 몇 년 동안 나를 괴롭히던 자기 연민의 감정과 그 아래 감추어 있던 더 깊은 감정까지도 아주 많이 해소할 수 있었다. 일단 한번 해소되고 나면 나를 괴롭혔던 똑같은 문제는 더 이상 내 삶 속으로 파고들어오지 못한다.

의도적으로 마음껏 하소연하기 시간을 가지는 것은 믿을 수 없을 정도로 스스로를 강화시켜준다. 만약 친구도 당신과 같은 어려움을 겪고 있다면, 단체로 하소연하기 파티를 하자!

일반적으로 감정, 그중에서도 자기 연민이 계속 밖으로 표출되어 나온다면 그 감정 안으로 아직도 더 깊숙이 들어가야 한다는 뜻이다. 실천 리스트에서 하소연하기 시간을 계획해보고, 감정을 표현하는 건강한 방법을 익혀보자.

민감한 나를 위한 오늘의 실천 리스트

감정 에너지를 이해하려면 훈련이 필요하다. 그리고 이 훈련은 무엇보다도 첫걸음을 떼는 것이 가장 중요하다. 아래에 나오는 연습은 중요한 첫걸음을 떼는 데 도움이 될 것이다.

당신의 감정 메시지

지금부터 에너지 서명 체계를 만들어볼 것이다. 감정을 하나 골라보자. 자주 나타나는 부정적인 감정 중 하나를 선택하는 것이 좋다. 그 감정 속으로 깊숙이 들어가보라. 깊이 심호흡을 하면서 눈을 감고 감정의 에너지를 느껴보자. 그리고 다이어리에 감정을 묘사해보라. 그 감정의 색깔은 무엇인가? 어떤 모양이며, 어떤 냄새가 나는가? 맛은 있는가? 어떤 이미지가 보이는가? 사람이나 물체로 표현한다면 어떻게 나타낼 수 있을까? 이 감정을 하나의 인격체, 즉 당신이 사귈 수 있는 친구 같은 누군가처럼 묘사해보자. 이때 당신이 느끼는 감정에 대해 솔직해져야만 가장 정확한 에너지 서명을 만들 수 있다.

이렇게 수집한 감정에 관한 정보가 바로 이 감정만의 독특한 '에너지 서명'이다. 에너지 서명을 알아볼 수 있다면 이제 그 감정과 소통할 수 있다. 이 감정은 이름이 무엇인가? 무엇을 원하고, 어떤 것을 필요로 하는가?

당신이 평소에 이 감정을 표출했던 방식을 몇 가지 떠올려보자. 해로운 방식으로 표출해왔다면, 어떻게 표현하는가? 심하게 비난하거나, 사람들과의 관계를 차단해버리는가? 그렇다면 반대로 이 감정을 신성하게 표현하는 방식은 무엇인가? 이 감정이 신성한 방식으로 표출되도록 공간을 마련하는 방법에는 어떤 게 있을까? 블로그를 운영해보거나, 자기 방어 수업을 듣거나, 친구에게 이야기해볼 수도 있을 것이다.

마지막으로 이 감정이 당신에게 어떤 메시지를 전달하려 하는지 살펴보자. 지금 당장 알아내지 못해도 괜찮다. 감정이 전달하는 메시지를 이해하려면, 먼저 시간을 들여 감정의 에너지 서명을 파악해야 할 때도 있다.

나의 에너지 서명 두 가지를 예로 들어 설명해보겠다. 당신의 에너지 서명은 나와는 완전히 다를 것이고, 묘사하는 방식도 다를 것이다. 나는 드라마나 시로 감정을 표현하는 것을 정말 좋아하지만, 그렇다고 당신도 똑같이 이 방식대로 따라 해야 하는 것은 아니다.

분노

분노는 밝은 빨간색으로 묘사할 수 있다. 불꽃 속에서 벌겋게 달아올라 이상한 눈빛으로 바라보기만 해도 위협할 준비가 되어 있는 부지깽이 같다. 내 분노의 불길은 부지깽이가 붉은색으로 계속 달아오르도록 하는 동력이다. 이 분노의 이름은 여신 칼리Kali다. 칼리는 힌두교에서 죽음과 파괴, 재생을 상징하는 여신이자, 학대받는 여성들을 보호하고 학대하는 이들에게 복수하는 여신이다. 칼리는 사람들의 머리를 잘라 목걸이로 장식하고, 팔을 잘라 벨트로 두르고 있다. 분노는 날카롭고 모가 나 있지만, 마치 숙련된 솜씨로 립스틱을 바른 날렵한 입술 모서리처럼 섹시하기도 하다.

신성한 분노는 이를테면 자기 강화로 무장된 페미니스트의 구호 같은 것이다. 부당함에 강력히 대항하는 블로그 글도 여기에 해당한다. 반대 시위를 하거나, 오랫동안 무력한 상태로 있다가 다시 일어나 반격을 가하는 것, 땀을 흠뻑 흘려 카타르시스를 느끼게 하는 운동, 허튼 이야기 속에서 진실을 선언하는 것, 비난 앞에서 굽히지 않는 건방진 태도, 동정 어린 친구 앞에서 분통을 터뜨리는 일 등이 신성한 분노의 예다.

해로운 분노 표출법은 자신의 불만을 다른 이들에게 쏟아붓는 것이다. 직장에서 나쁜 일이 있었는데 집에 와서 배우자에게 소리를 지르며 분노를 푸는 행동이 그 예다. 분노를 자기 파괴적인 방향으로 바꾸는 것이 해로운 분노다. 이는 타인을 무시하는 태도이자, 무례하고 무분별한 폭력이다. 그 누구에게도, 아무런 도움이 되지 않는다. 해로운 분노는 모든 것을 파괴하려 할 뿐이다.

분노는 보통 나의 경계선(혹은 내가 사랑하는 사람들의 경계선)이 침범당했거나 무시당했다는 메시지를 전달한다. 또한 상황을 개선하려면 적극적인 변화가 필요하다는 메시지를 준다.

슬픔

슬픔은 어두운 회청색이다. 날씨가 아주 흐린 날 바다의 색깔과도 같다. 어떤 때는 허리케인이 불 때 파도가 몰려드는 것처럼 온 마음을 사로잡는다. 또 수평선 너머로 사라지는 조용한 바다처럼 고요한 경우도 있다. 눈물을 흘려 비워내지 않고는 견딜 수 없을 때까지, 고통은 천천히 가슴속에 흘러 넘친다. 슬픔은 심장의 차크라에 머문다.

신성한 슬픔은 순수한 아름다움과 예술을 낳는다. 눈물로 작곡한 멜로디처럼 아름답다. 인생에 관한 놀라운 시이자 철학 책이다. 진정으로 초월한 자아의 표현이라 할 수 있다.

반면 해로운 슬픔은 끊임없이 가라앉게 만드는 것이다. 알람 시계의 일시 정지 버튼을 열두 번도 더 누르며 알람 소리를 무시하고 일어나지 않는 것도 슬픔을 해로운 방식으로 푸는 예다. 슬픈 영화를 너무 많이 보고, 슬픈 노래를 너무 많이 듣는 것도 마찬가지다. 그러다 보면 서서히 우울감에 빠져들게 된다.

슬픔은 내가 지나치게 많은 것들을 보고 영향을 받아 민감한 성향이 활성화되었다는 메시지를 전달한다. 슬픔은 이 감정이 우울로 발전하지 않게 관심을 가지라고 경고한다. 또한 완벽하지 못한 이 현실을 어떻게든 헤쳐나가기를 원한다.

우리는 에너지 서명 체계를 제대로 이해해야 한다. 평생 우리는 감정 에너지를 가지고 살아가기 때문에 우리가 삶에서 이동하고 변화하는 대로 에너지도 당연히 같이 이동하고 변화한다. 따라서 에너지가 변화함에 따라 얼마든지 에너지 서명이 바뀔 수 있음을 알아두자.

마음껏 하소연하는 시간 가지기

1. 시간을 비워두라

마음껏 하소연하는 시간을 마련하려면 당신의 일정에서 특정한 시간을 비워놓아야 한다. 하소연하는 시간을 가질 날짜와 시간, 기간을 정해보자. 저녁 시간이나 어느 하루를 정해 시작할 것을 추천한다.

2. 믿을 만한 지지자를 곁에 두자

깊은 단계의 감정적, 심리적 자기 성찰은 쉬운 일이 아니다. 만만치 않은 어려운 작업이자 실제적인 도움이 필요할 때도 있다. 감정적으로 불안정한 상태가 되면서 생활 패턴이 불가피하게 바뀌기도 하는데, 혼자 이것을 감당하기가 너무 벅찰 수 있다. 그때 당신은 지금 하고 있는 감정 작업을 누군가 알고 옆에 있어주길 바랄 것이다. 믿을 수 있는 친구나 가족이 그 역할을 맡을 수 있다. 상황이 힘들어졌을 때 전화할 사람을 알아두라. 감정 작업에 대해 사기를 떨어뜨리지 않으면서도 적당한 거리를 유지해줄 만큼 강한 사람이 필요하다.

당신과 똑같은 과정을 거치고 있는 친구가 있는가? 그들이 당신 곁에 있어주거나, 당신이 도움을 청해야 할 때 도움을 줄 것이다. 비슷한 어려움을 경험하고 있는 사람들과 함께 이 과정을 진행하기 위해 북클럽을 만드는 것은 어떨까? 그들의 지원이 필요하지 않을 수도 있지만, 그래도 지원해줄 사람들을 옆에 두는 것은 언제나 좋은 생각이다. 치유자나 코치, 심리 치료사 등 당신을 도와줄 수 있는 사람이 누가 되었든, 그들은 감정을 회피하지 않고 그대로 느끼며 자기를 표현하는 것이 당신에게 얼마나 중요한지 이해하고 있어야 한다.

3. 자신만의 공간을 보호하라

다른 사람들이 자기 성찰 과정에 방해가 되거나 우호적이지 않은 태도를 보일까 봐 걱정된다면, 필요한 사람들에게는 그 기간 동안 연락이 닿지 않을 거라고 미리 알리자. 시간이 남을 때 다른 사람의 방해를 받지 않고 홀로 있으면, 자기 성찰의 공간을 마련하기가 훨씬 더 쉽다. 필요하다면 휴대폰과 컴퓨터도 꺼보자. 당신의 공간은 신성하므로 그 공간을 보호하라.

4. 마음껏 하소연하기 시간에 무엇을 할지 계획하라

마음껏 하소연하는 시간을 가지려 의도적으로 계획하고 있다면, 당신은 이미 끓어오르는 부정적인 감정을 느끼고 있을 것이다. 하지만 이런 감정이 표출될 수 있는 창구를 열어주려면 그들에게 다가길 수단을 먼저 선택해야 한나. 볼 때마다 자기 연민과 슬픔을 불러일으키던 영화를 보거나, 음악을 들어라. 연인과 헤어졌을 때 슬픔 속에 파묻혀서 했던 일들을 다시 해보라. 정크 푸드를 먹는 게 좋다면 실컷 먹어라. 당신을 지지해주는 사람 앞에서 억울함을 터뜨리거나 울어도 된다. 당신을 피해자로 만들었던 모든 상황에 대해 다이어리에 적어보라.

감정에 빠져들어 몰두하는 것이 중요하다. 그리고 감정이 어느 방향으로 가든 잘 참고 이겨내야 한다. 아마 목청이 터지도록 소리를 지르거나 접시를 깨뜨리거나 세 시간쯤 흐느껴 울고 싶을 것이다. 느껴지는 대로 느끼도록 자신을 내버려 두라. 안전하지 않거나 도를 지나쳤다고 느낀다면, 그때가 지원군에게 도움을 요청할 시점이다.

5. 마음껏 하소연하는 시간 후에는 자신을 돌보아야 한다

하소연하는 시간을 가진 후에는 자기를 연민 어린 시선으로 바라보며 보살펴주는 시간이 필요하다. 발산된 에너지를 정리하기 위해 마음 정화 훈련을 하는 것도 좋다. 수면, 수분 섭취, 영양 섭취, 목욕 등과 같은 기본적인 관리가 아주 중요하다. 하소연 시간에 경험했던 것을 당신의 지원군에게 이야기하거나, 다이어리에 기록해보자. 일상으로 돌아가기 전에 자신을 추스를 시간을 가져야 한다. 당신의 감정과 에너지 서명을 살펴보고 어떤 상태인지 점검해보라. 힘든 감정이 계속 올라와 벗어나는 데 어려움을 겪고 있다면, 지원군에게 도움을 요청하라.

주의 사항: 마음껏 하소연하는 시간을 가져서는 안 되는 경우

마음껏 하소연하는 시간이 언제나 모두에게 효과가 있는 방법은 아니다. 심리적 외상 후 스트레스 장애PTSD와 같은 심각한 트라우마를 겪고 있다면 전문적인 도움을 줄 수 있는 팀이 필요하다. 감정을 발산할 수 있는 공간을 가지는 것과 자신의 트라우마를 덧나게 하는 것은 엄연히 다르다. 따라서 당신의 상처가 너무 심각하고 정신적 외상을 초래할 정도라면, 혼자 이런 감정 작업을 하는 것은 피해야 한다. 정신 건강 의료진과 먼저 상의하고 자신의 상태에 맞는 도움을 받아야 한다.

Chapter 5

도대체 이건 누구의 감정일까?
: 진짜 감정 찾기

나는 주방 찬장에 등을 기대고 바닥에 주저앉았다. 모든 것을 포기하고 싶었다. 나는 분노로 이를 악문 채 소매로 눈물을 훔쳤다. 최근에 연인과 동거를 시작해 신혼의 단꿈에 빠져 있어야 할 시기임에도 실제로는 그렇지 않았다. 함께 산 지 몇 주가 흘렀지만 내 기분은 더 예측 불가능해졌다. 화를 낼 이유가 없는데도 화를 냈고, 무기력할 이유가 없는데도 무기력했다. 모든 것이 흐트러졌다고 느꼈고, 불명확해 보였다. 또한 상대가 내가 용납할 수 없는 말을 하면 나는 잡아먹을 듯 그에게 달려들었다. 그러면 갑자기 짜증을 낸 상황에 상대도 자극을 받아 내게 반격을 했다. 이런 상황이 계속되자 급기야 주방 바닥에 주저앉고 만 것이다.

둘 다 평정을 되찾고 나서 그는 주방 바닥에 함께 주저앉아 자기가 어떤 느낌이었는지 설명했다. 나는 그의 감정이 내가 느낀 감정과 똑같다는 사실을 알고 깜짝 놀랐다. 하지만 나는 내가 왜 그런 감정을 느끼는지 이해할 수 없었다. 그 이유를 생각할수록 더 이해가 가지 않았다. 분노의 근본적인 원인을 찾아보려 노력했지만 찾을 수 없었다.

이 감정은 애초에 나의 감정이 아니었기 때문이다. 나는 메아리처럼 그의 감정을 돌려준 셈이었다. 나는 진짜 화가 난 게 아니었다. 나는 그가 화가 났다는 것을 느꼈고, 그 감정을 내 것으로 받아들였다. 마치 내가 상대방이 되어가고, 상대는 자기 자신과의 싸움을 벌인 것 같았다. 나라는 존재는 그의 감정 속으로 사라져버렸다. 그 순간, 나는 지금까지 그의 감정을 무의식적으로 내 것으로 받아들여서 이제는 진짜 내 감정을 구분하기도 어려워졌음을 깨달았다.

초민감자는 다른 이들의 감정을 매우 잘 느끼지만, 그 감정의 소용돌이에 빠지면 자기 존재를 잃어버리기도 한다. 에너지를 혼동하는 일은 초민감자에게 흔히 발생하는 문제다. 무엇이 타인의 감정이고, 무엇이 내 감정인가? 초민감자가 적절한 경계선을 두지 않거나 자기 에너지를 구분하는 방법을 모른다면 사람들과 함께 있을수록 더 혼란스러워진다. 어떤 감정을 촉발하는 트리거가 작동하면 여기서 상황은 악화된다. 그래도 문제를 해결할 수 있는 방법이 있다. 에너지 서명과 직관을 이용해 무엇이 어떤 감정을 촉발하는지 제대로 파악한다면, 자기 감정과 타인의 감정을 쉽게 구분할 수 있다.

에너지로 감정을 구별하라

사람들과 함께 있을 때 타인의 감정이 집중포화를 퍼붓듯 밀려오면 지칠 수밖에 없다. 이러한 느낌은 인간관계에 문제를 일으킬 뿐만 아니라, 자아 정체성과 꿈, 목표까지도 왜곡한다.

감정을 창조적으로 묘사함으로써 에너지 서명을 알아보는 것은 자신이 느끼는 감정 에너지가 누구의 것인지 구분하는 데 큰 도움이 된다. 예를 들어, 당신이 배우자와 함께 있을 때 근원을 알 수 없는 분노가 느껴진다면, 그 분노 에너지에 깊숙이 빠져 들어가볼 수 있다. 만약 거기서 감정의 고유한 에너지 서명을 찾아낼 수 있으면 그 에너지는 당신의 것이 맞다.

분노에 클로드라는 이름을 붙이고 그를 속물적이고 환각 상태를 즐기는 인물로 묘사했다고 하자. 만약 배우자와 말다툼을 하는 동안 그 에너지를 느꼈다면 클로드와 시간을 보내며 분노의 근원을 찾아볼 수 있다. 그것이 당신의 에너지라면 스스로 자문하고 성찰하는 시간을 가지고, 배우자에게도 그 분노에 대해 살펴보자고 이야기할 수 있다. 그런데 에너지에 깊숙이 들어가 느껴봐도 당신이 모르는 에너지 서명이라면, 즉 일찍이 본 적이 없는 새로운 캐릭터인 것 같다면, 그 에너지는 당신의 것이 아닐 가능성이 크다. 따라서 먼저 그 에너지로부터 자신을 분리해야 한다. 이 과정을 통해 기본적으로 자기를 더 잘 파악할 수 있고, 결과적으로는 어떤 에너지가 자신의 것인지 아닌지 정확히 알 수 있다. 사랑하는 사람들의 에너지 서명도 알게 되면, 그들의 에너지와 당신의 에너지를 구분하기가 더 쉬워질 것이다.

이처럼 자신을 잘 알게 되기까지는 시간과 공간이 필요하다. 자신의 감정을 진정으로 파악하고 해결하려면 사람들과 떨어져 있는 시간이 있어야 한다. 사람들과 떨어져 있으면, 다른 이들의 에너지와 거리를 두고 자신의 에너지에 집중할 수 있는 공간이 마련된다. 그래서 가끔은 사람들에게 혼자만의 시간을 가지겠다고 이야기하고 자신의 내면을 들여다보는 것이 좋다. 말다툼 중에 일시 정지 버튼을 누르거나, 결정을 내리기 전에 잠시 어딘가로 떠나는 것도 도움이 될 수 있다. 감정을 진단하기 위해 시간을 내는 것은 초민감자로서 자신의 능력을 성찰하는 중요한 방법이다.

직관은 생각보다 많은 걸 알고 있다

직관에 귀를 기울이는 훈련을 해보자. 이 훈련은 에너지를 구별하는 데 도움이 된다. 우리의 신체는 우리가 제대로 가고 있는지 아닌지를 나타내는 확실한 신호를 전달해준다. 긴장을 풀고 편안한 자세로 몇 분간 깊은 심호흡을 해보자.

편안한 상태에서 내 몸에게 이렇게 물어보자. "무엇이 '네'를 의미하는 거지?" 온 마음이 신체에 집중되어 있을 때 신체는 특정한 반응을 보임으로써 질문에 응답할 것이다. 반응은 사람에 따라 다를 수 있다. 나에게 '네'에 해당하는 응답은 가슴이 활짝 펴지고 어깨가 똑바로 펴지는 것처럼 확장되는 느낌이다. 내가 원한다면 얼마든지 더 넓게 확장할 수 있을 것 같은 느낌이 든다. 당신도 나와 비슷한 느낌이 들 수도 있고 아니면 긴장으로 가슴이 벌렁거리거나 찌릿한 느낌을 받을 수도 있다.

'네'를 뜻하는 신체의 신호를 알아냈다면 다음에는 이렇게 물어보라. "무엇이 '아니요'를 의미하는 거지?" 신체는 이 새로운 질문에는 완전히 다른 반응을 보일 것이다. 나는 '아니요' 반응이 몸이 수축되고 쓰러지는 것 같은 느낌이다. 사람에 따라 가라앉는 느낌을 경험할 수도 있고, 어깨가 축 늘어질 수도 있다.

무엇이 '네' 반응이고 '아니요' 반응인지 알고 있으면 자신의 감정을 파악하고 타인의 감정과 자신의 감정을 구분하기 수월해진다. 만약 당신이 감정에 압도되어 있고 그 감정이 누구의 것인지 알 수 없는 상황이라면, 스스로 "이 두려움의 감정이 나의 것인가?"라고 물어보라. 그 감정이 당신의 감정이 맞다면 당신의 몸은 '네'에 해당하는 반응을 보일 것이며, 당신의 감정이 아니라면 '아니요'에 해당하는 반응을 보일 것이다.

이 방법은 특히 어떤 사람이 당신에게 이로운 사람인지 아닌지를 구분할 때 유용하다. 초민감자들은 나르시시스트 같이 동정심을 이용하려 드는 이들에게 취약한 경우가 많으므로 사람을 제대로 알아보는 분별력을 갖춰야 한다. 만일 특정 인물과 함께 있을 때 당신의 신체가 '아니요' 반응을 강하게 보인다면, 그리고 그 상대가 연인이라면, 당신의 직관이 이제 헤어질 때가 되었다는 신호를 보내는 것이다. 또 어떤 사람과 함께 있을 때 '네' 반응을 보인다면 당신의 신체는 마음의 문을 열고 이 사람을 신뢰해도 된다는 신호를 보내는 것이다.

이 방법은 자주 사용해야만 큰 일이든 작은 일이든 모두 이를 활용해 잘 판별할 수 있다. 강렬한 감정을 느낄 때 가끔 그 감정이 당신의 몸에서 육체적 반응을 나타내기도 한다. 그럴 경우에는 '네' 반응과 '아니요' 반응을 혼동할 수 있다. '네/아니요' 반응을 사용할 필요가 없어 보이는 작은 상황에서부터 시도해보면서 신체의 반응에 신뢰를 쌓아가야 한다.

하루 동안 스스로 질문하는 것도 작은 것부터 시작하는 좋은 방법이다. 이를테면, '나는 오늘 점심으로 케일 샐러드를 먹고 싶은가?'라고 스스로 물어본다. '나는 오늘 밤에 실속 없는 리얼리티 TV 쇼를 보고 싶어 하나?' 또는 '이번 주말에 친구를 만나 저녁을 먹어야 할까?'와 같은 질문들을 스스로 던져본다. 그다지 중요하지 않은 사항으로 시작함으로써 부담 없이 자신의 직관력을 키울 수 있다. 쉬워보이지만 당신은 그 결과에 놀랄 것이다.

이러한 질문을 던져보면 정말 케일 샐러드를 안 먹고 싶을 때가 있고, 시시한 TV 프로그램을 보고 싶을 때가 있다. 놀랍게도 이 생각이 결국 몸을 건강하게 하는 좋은 결정이 되기도 한다. 어떤 날에는 내 몸이 조리된 음식을 원하기 때문에 케일 샐러드에 반응을 보이지 않을 수 있다. 혹은 긴장을 풀고 다른 일에 신경을 끄고 쉬는 시간이 필요하므로 내 몸이 시시한 TV 프로그램을 봐도 된다고 긍정 신호를 보낼 수도 있다. 나는 어떤 모임 약속에 나가고 싶었지만 직관적으로 거절한 적이 있었다. 그러고 나면 다음 날 아파서 어차피 갈 수가 없는 상황이었다는 것을 알게 된다. 우울한 기분이라도 직관적으로 모임 약속을 수락한 경우에는 막상 나가보니 친구들과 너무나 즐거운 시간을 보냈다.

비록 작은 일이라도 이 방법을 다양한 상황에서 자주 활용해보면, 감정이 어떤 방식으로 영향을 미치는지 깨닫고 자신과 몸을 전체적으로 새로운 시각에서 이해할 수 있다. 하지만 몸과 자유롭게 대화하는 것이 항상 가능하지만은 않다는 점에 주의해야 한다. 큰 충격이나 트라우마로 해리 현상disassociation을 겪고 있는 사람이라면 몸과 마음을 연결시키는 작업이 좀 더 복잡하다. 이는 지극히 정상이며 문제가 되지는 않는다.

'네/아니요' 직관을 이용하는 또 다른 방법은 '네'와 '아니요'에 직관적 시각 신호를 부여하는 것이다. 이를테면 긍정 신호에 보라색을 부여하고 부정 신호에 주황색을 부여했다고 가정하자. 이미 스스로 답을 알고 있는 '네/아니요' 질문으로 시작해보라. 질문을 던진 후 맞는 대답에 해당하는 색상을 의도적으로 시각화하라. 이렇게 함으로써 당신의 마음속에는 두 가지 색상과 관련된 시각 연상이 형성된다. 그래서 '네/아니요' 직관을 사용할 때 '네'인 경우 직관적으로 보라색이 보이며, '아니요'인 경우 주황색이 보이게 된다.

감정을 촉발시키는 방아쇠, 트리거

"오, 이런…… 올 것이 왔군."

당신의 감정이 또다시 촉발된 순간이다.

미친 듯이 고통스러운 감정의 공격이 밀려오자, 당신의 내면에서는 방어 기제와 투쟁 도피 반응fight or flight response이 일어난다. 당신은 그 감정들을 꼼짝 못하게 제압하거나 완전히 차단하려 준비하고 있다. 그렇다면 이제 어떻게 할 것인가?

감정이 촉발된 상태는 당신의 트라우마를 떠오르게 하는 무언가에 대한 심리적 반응이다. 감정을 촉발시키는 심리적 방아쇠 '트리거'는 냄새일 수도 있고, 특정한 말이나 어투일 수도 있다. 어떤 형태의 자극이든 트리거는 두뇌가 트라우마의 기억을 되살리도록 만드는 것이며 과거 충격을 어느 정도 재생하는 것 같은 느낌을 준다. 감정이 촉발될 때에는 몸과 마음이 마치 그 트라우마를 다시 경험하는 것처럼 반응한다.

트리거는 감당하기 버겁게 느껴질 수 있지만 사실 나쁜 것은 아니다(이 말이 정말 이해가 안 가고 이상하게 들리겠지만 끝까지 들어보기를 바란다). 트리거는 우리가 어떤 부분에 치유와 자기 인식이 필요한지 정확한 통찰을 하게 해준다. 상처가 건드려지면 본능적인 방어 기제를 작동시켜 더 이상 고통받지 않도록 막으려 하는데, 그 과정에서 트리거가 발생한다. 그래서 상처를 받을 때 방어적인 태도를 취하는 것이다.

트리거는 당신을 트라우마가 만들어놓은 부정적인 신경 경로로 끌어들인다. 당신의 두뇌는 반복적이고 조건 반사적인 사고로 구조화되어 있다. 특정한 생각을 많이 하면, 그 생각은 경로를 만들게 된다. 당신이 그 생각을 반복적으로 할수록 경로는 더 확고해져 나중에는 다른 경로를 선택하기가 어려워진다. 이것이 트리거가 항상 과거와 연관되어 있는 이유다.

어떤 감정이 촉발되었다고 느낄 때 가장 먼저 하던 일을 멈추고 그 감정을 처리할 공간을 마련해야 한다. 트리거는 짜증을 내는 어린아이와도 같아서 하던 일을 중단하고 관심을 가져주기를 바란다. 만약 배우자와 싸우다가 트리거가 발생했다면 혼자 있고 싶다고 말하고 생각할 시간을 가지는 것이 좋다. 이해심이 많은 배우자라면 그에게 트리거를 해결하는 것을 도와달라고 요청할 수도 있다. 하지만 나는 혼자 있기를 권하는 편이다. 자신의 트리거를 처음으로 접했을 때는 더욱 그렇다.

당신이 안전한 공간에 있다면 그 감정의 이름을 큰 소리로 불러보라. 처음 느껴졌던 감정과 감정을 처리하고 난 뒤에 느껴지는 감정은 완전히 다를 것이다. 하지만 미칠 것처럼 격렬하게 느껴졌던 최초의 감정은 매우 중요하다. 감정의 이름을 큰 소리로 부르는 행위는 감정을 인정한다는 의미다. 이는 자연스럽게 그 감정에 더 많은 공간을 부여해준다.

이제 스스로에게 그 감정에 대해 물어보라.

'왜 나는 이런 감정을 느끼고 있을까?'

이 질문에 답해보라. 아마도 상대방이 한 어떤 행동이나 말 때문이라고 답할 것이다.

그렇다면 이번에는 이렇게 물어보라.

'왜 그게 나를 이토록 괴롭게 했을까?'

그리고 답해보라. 답한 후 스스로에게 다시 물어보라.

'왜지?'

이 과정의 핵심은 점점 질문이 좁혀지면서 숨겨진 진실에 가까워질 때까지 연속해서 질문을 던지는 것이다. 답변이 거듭될수록 상대방이 당신에게 한 행동이나 말에 대해 점점 더 많은 사실이 드러나고, 결국 핵심 상처와 과거에 일어났던 일로 거슬러 올라간다.

일단 핵심 상처에 이르면, 당신이 지금 느끼고 있는 고통이 감정을 촉발시킨 그 사람에게서 나온 것이 아니라는 사실을 깨달을 것이다. 그 고통은 핵심 상처를 끌어안고 살아온 세월 즉, 이해받지 못하고, 지지받지 못하고, 학대받았던 세월에서 나왔다. 이런 깨달음을 얻었다면, 상처를 치유하기 위해 3장의 실천 리스트에 등장하는 핵심 상처 치유 훈련을 활용해보자. 이 훈련을 감정을 촉발시킨 사람과 함께 할지, 혼자서 할지는 당신의 선택이다. 하지만 기억해야 할 점은 트리거의 원인을 찾아 거슬러 올라갈 때마다 당신은 자신을 치유할 수 있는 또 한번의 기회를 얻는다는 것이다.

트리거에 관한 구체적인 사례를 살펴보자. 줄리아는 바쁜 일과 중 남편 마크에게 퇴근길에 아이들이 마실 우유를 좀 사다 달라는 문자 메시지를 보냈다. 우유는 바닥이 난 상태였다. 마크는 그러겠다고 답했다. 그런데 퇴근 후 마크가 빈손으로 집에 들어오는 것이 아닌가. 줄리아는 왜 우유를 사오지 않았는지 따져 물었고 마크는 깜빡했다고 대답했다.

남편의 이 행동은 줄리아에게 분노의 감정을 촉발시켰다. 마크는 깜빡하고 우유를 사오지 않았을 뿐인데 이런 대수롭지 않은 일로 왜 그녀가 그토록 화를 내는지 도무지 이해할 수가 없었다.

줄리아는 방으로 가 혼자만의 시간을 가졌다. 그녀는 스스로 이렇게 묻고 답했다.

'난 무지 화가 났어'

- 왜 화가 난 거야?

'마크가 우유를 사오겠다고 해놓고는 잊어버리고 사오지 않았기 때문이야.'

- 왜 그게 널 화나게 하지?

'왜냐하면 그는 항상 내 말을 듣지 않거든. 자신과 상관이 없는 일이면 내 말을 그냥 무시하는 것 같아.'

- 왜 무시당하는 느낌이 그토록 속상한 거니?

'남편이 내게, 혹은 내 요구나 아이들의 요구에 관심이 없다는 뜻이니까. 그는 자기 자신밖에 몰라.'

- 너의 요구가 무시당하는 게 왜 마음이 아픈 거니?

줄리아는 어린 시절 알콜 중독자 어머니 아래에서 자랐다. 그녀의 어머니는 우유 같은 기본적인 것들을 챙기는 것도 늘 잊어버리곤 했고, 아이들의 요구를 무시하거나 잊어버리기 일쑤였다. 줄리아는 엄마가 차려주는 밥을 먹기 힘들었을 정도로 방치를 당했으며, 기본적인 수준의 보살핌도 받지 못했다. 그 결과 그녀는 자신의 요구는 중요하지 않다고 믿게 되었다.

마크는 가족의 요구라면 대부분 들어주려고 최선을 다하는 남편이었지만, 그날 실수로 깜빡하고 우유를 사오지 않았다. 이 행동이 줄리아의 핵심 상처에 불을 붙였다. 줄리아는 자신의 트리거를 깨닫고 마크에게 이를 설명했다. 그러자 마크는 그녀에게 고통을 줄 수 있는 상황들을 앞으로 더욱 신경 쓰겠다고 약속하고, 줄리아의 요구는 중요하다고 이야기하며 그녀를 안심시켰다. 줄리아 또한 자기의 가치를 존중하고 내면의 아이와 관련된 치유 작업이 필요하다는 사실을 깨달았고, 자신의 분노를 사랑과 이해로 위로받을 수 있었다.

당신의 트리거는 항상 상처에 근본 원인을 두고 있다. 대개는 핵심 상처로부터 뻗어 나온 상처인 경우가 많다. 상처가 어디서 시작되었는지 트리거의 뿌리를 찾을 때까지 인내심을 가지고 스스로에게 끊임없이 질문을 던진다면, 의사소통 방식을 완전히 바꿀 수 있다.

트리거는 애정 어린 시선이 필요했던 과거의 고통을 다시 경험하는 것이다. 이 사실을 이해하면 트리거는 금방 그 영향력을 잃어버린다. 인간관계에서도 마찬가지다. 타인의 감정이 촉발될 때 그들도 똑같은 상처를 경험하고 있다는 것을 알 수 있다. 따라서 더 측은한 마음을 가지고 대하기에 갈등이 줄어든다. 당신은 '감정을 촉발시키는 것'은 곧 '사랑이 필요한 부분'이라고 여기게 될 것이다.

거울로서 자기를 비춰주는 트리거

트리거의 원인을 찾아 거슬러 올라가다 보면, 타인이 어떻게 우리 내면의 상처를 비춰주는 거울 역할을 하는지 알 수 있다. 하지만 타인이 항상 우리의 모습을 비춰주는 거울 역할만 하는 것은 아니다. 우리는 가끔 타인을 보며 내면의 상처를 떠올리는데 이는 상처에 관해 더 깊이 알게 되는 기회가 되기도 한다. 그럼에도 다른 한편으로는 그저 무례하게 굴면서 매번 당신의 내면을 투사하는 데 초점을 맞춰 당신을 괴롭히는 사람들도 있다. 다음은 이와 관련된 왜곡된 생각이다.

진실: 우리는 모두 서로를 비춰주는 거울이다

인간관계는 우리의 투사, 관념, 경험을 그대로 보여주는 예시다. 사람들은 때로는 사랑스럽고 긍정적인 방식으로, 혹은 떠들썩하고 피해를 주는 방식으로 우리 내면의 경계선을 밝히려 삶 속에 등장한다.

누군가가 당신에게 반응하는 방식이 마음에 들지 않을 때, 그것은 상대의 문제가 아니라 당신 내면의 무언가를 나타내는 것일 수 있다. 반대로 당신이 반응하는 방식이 상대의 마음에 들지 않을 때, 그것 역시 당신의 문제가 아니라 상대의 내면에 있는 무언가를 나타내는 것일 수 있다. 이처럼 인간관계는 많은 것들을 투사해 보여주는 가장 훌륭한 스승이다. 우리의 반응을 통해 스스로 어떤 부분을 성찰하고 치유해야 하는지 알 수 있다.

또 다른 진실: 이 거울은 도깨비 집의 거울이다

우리는 모두 서로를 비추는 거울이지만, 이 거울들은 실제 모습이 아니라 구부러지고 왜곡된 형상을 보여준다. 당신이 보는 것이 사실이 아닐 수도 있다는 뜻이다. 만약 어떤 사람이 당신에게 나쁘게 대한다면, 그것은 그들이 나쁜 사람이라서 그런 것이지 당신의 상처와는 아무런 상관이 없을 수도 있다. 반대로 상대방의 문제라고 치부하면서 당신의 태도에 상대가 느끼는 감정을 무시하는 것은 옳지 않은 행동이며 타인들의 정당한 경험을 일축해버리는 것이다. 어떤 관계든지 두 사람 사이에서 일어나는 일의 진실을 완전히 이해할 수는 없는 법이다.

관계 속에 투사된 자기 모습에 너무 몰두한 나머지 우리는 종종 상대방의 실제 모습을 간과하고, 그들의 고유한 정체성을 인정하기보다는 자기 생각을 그들에게 덮어씌운다. '우리는 거울처럼 상대방을 비출 뿐이다'라는 생각을 백 퍼센트 수용할 수는 없다. 결국 균형을 이루고 구별하는 능력이 모든 것을 좌우한다.

이미 자신과 타인의 에너지를 쉽게 혼동하는 초민감자에게는 상대방의 경험에서 자신의 경험을 분리해내며, 트리거의 역할을 존중하는 것이 매우 중요하다. 우리는 서로의 모습 속에서 자기 모습을 발견하기도 하지만, 사실 개별적인 경험을 가진 개인이다. 이 점을 염두에 두고 트리거를 연구한다면 당신의 에너지와 타인의 에너지를 구분하는 데 도움이 될 것이다.

감정을 그대로 인정하는 비밀, 중립성

우리의 힘든 감정과 타인의 감정을 다룰 때, '중립성neutrality'은 강력한 도구가 된다. 일반적으로 알려져 있는 개념과는 달리 여기서 말하는 중립은 아무런 감정도 느끼지 않는 상태가 아니라, 감정에 휘둘리지 않고 자신이 원하는 감정을 느끼도록 놔두는 것을 의미한다. 또한 다른 사람들이 감정에 휘둘리지 않고 자신이 원하는 감정을 느끼도록 해준다는 의미도 있다.

우리와 사랑하는 이들이 동시에 트리거를 경험하게 되면 에너지는 아주 쉽게 섞여버린다. 화가 날수록 이 감정이 누구의 것인지 판단하기는 더 어려워진다. 트리거가 발생했을 때 혼자만의 공간을 가지고 트리거를 처리하는 것은 관계 속에서 중립성을 훈련하는 한 방법이다. 트리거의 포로가 되어 여기에 분노로 대응하면, 당신은 내면 깊숙한 곳에서 끄집어낸 에너지를 상대에게 퍼붓게 될 것이다. 상대가 자신의 트리거에 반응할 때도 마찬가지다. 결과적으로 너무나 많은 강력한 에너지가 오가기 때문에 이 상황에서 에너지가 누구의 것인지 분간하지 못하는 것은 지극히 당연하다!

트리거를 해소하기 위해 혼자만의 공간을 가지라는 말이 올라오는 감정들을 부정하라는 의미는 아니다. 당신의 감정들은 그것이 트리거로 인해 촉발된 감정이라 할지라도 모두 정당하다. 다만 직접적인 충돌 상황에서 벗어나 트리거와 감정을 건강한 방식으로 이해할 수 있도록 안전한 공간을 마련해야 한다. 감정을 처리하는 안전한 공간을 만들 때, 사랑하는 이들과 그 감정에 관해 더 쉽게 이야기를 나누게 된다.

트리거 해소 방법을 알면 사랑하는 이들의 에너지가 당신의 에너지와 너무 많이 섞이는 것을 방지할 수 있다. 감정 촉발이 일어났을 때 어떻게 반응을 통제하는지를 알고 있기 때문이다. 당신은 사랑하는 이들의 트리거를 인정해주면서 자신의 경계선도 지킬 수 있다. 그들의 트리거는 현재 상황을 그대로 보여주는 것이 아니기 때문에 당신은 그들의 트리거를 개인적인 공격으로 받아들일 필요가 없다. 이렇게 함으로써 당신은 그들이 감정을 처리할 수 있도록 거리를 유지해줄 수 있다.

그렇다고 사랑하는 사람들이 그들의 좌절과 트리거를 지속적으로 당신에게 내놓아도 괜찮다는 뜻은 아니다. 하지만 이러한 상황에 어떻게 대처해야 하는지 알고 있다면, 사랑하는 사람들의 감정을 인정해주며 당신의 에너지를 타인의 에너지와 혼동하는 일도 막을 수 있다.

트리거에 건강하게 대처하는 법을 사랑하는 사람들에게 알려주면, 그들 또한 당신과 더 쉽게 대화하게 된다. 당신이 상황을 이해하고 마음을 가라앉히기 위해 하는 일을 보면 그들 또한 그 방법을 배우고 싶어 할 것이다. 트리거를 가지고 싶어 하는 사람은 없다. 그저 다른 대안을 아직 모르고 있을 뿐이다.

자신의 트리거를 잘 아는 것은 타인과의 관계를 파악하는 데에도 도움을 준다. '네/아니요' 신체 직관을 활용해 어떤 관계가 건강한 관계이고, 어떤 관계가 그렇지 못한 관계인지 구분할 수 있다. 나는 당신이 사랑과 이해를 통해 트리거를 잘 다루게 되길 바란다. 당신은 스스로를 치유하고, 마음의 짐을 가볍게 떨쳐낼 자격이 충분한 사람이다.

민감한 나를 위한 오늘의 실천 리스트

어떤 감정이 누구의 것인지 구분하기란 상당히 어려운 일이다. 여기서 소개하는 도구를 잘 활용해 감정을 구분하는 기술을 익혀보자.

'네/아니요' 직관 훈련

편안한 자세로 앉는다. 눈을 감고, 몇 분간 호흡에 정신을 집중한다. 천천히 깊게 숨을 쉬면서 다음과 같이 해보자. 셋을 세면서 코로 숨을 들이마시고 잠시 숨을 참은 상태로 셋을 센다. 그다음 다시 셋을 세면서 입으로 숨을 내뱉는다. 몸의 긴장이 풀릴 때까지 계속 반복한다.

긴장이 풀리기 시작하면 당신의 의식을 엄지발가락에서부터 신체의 모든 부분으로 옮기고 머리까지 끌고 올라오라. 다리와 엉덩이, 가슴, 팔에게 인사를 건네고 당신의 몸에 감사의 마음을 전하라. 이렇게 함으로써 당신이 몸을 사랑하고 대화하기를 원한다고 몸에게 알려주는 것이다.

준비가 되면 또 한 번 깊은 심호흡을 하며 몸에게 이렇게 물어보라. '나의 '네' 반응은 무엇인가?' 그리고 긍정 반응이 느껴지기를 기다리며 계속 깊은 호흡에 집중한다. 몸이 찌릿하거나 배에 열감이 느껴질 수도 있고, 아니면 가슴이 바깥쪽으로 활짝 펴지는 느낌이 들 수도 있다. 그 느낌을 알아챌 수 있을 정도로 강하게 느껴질 때까지 가만히 두고보라.

'네'에 해당하는 느낌이 무엇인지 알았다면 이번에는 몸에게 '나의 '아니요' 반응은 무엇인가?'라고 물어보라. 다시 부정 반응을 기다리며 호흡에 집중한다. 어깨가 위축되는 느낌이나 발목을 찌르는 느낌이 들 수도 있다.

당신은 몸과 대화하고 있지만 당신의 감각은 육체적인 느낌에서 그치지 않고 에너지를 느끼는 것으로 확장된다. 긍정 반응으로 가슴이 활짝 펴지는 느낌을 체험해도 가슴이 실제로 펴지는 것은 아닐 가능성도 있다. 직관을 경험하는 방식에 따라 당신의 반응은 완전히 육체적인 느낌으로 나타나거나 단지 직관적인 느낌으로 나타날 수도 있다.

과거에 트라우마와 해리 현상을 경험해 이 방법이 어렵다면 색상을 시각화해보기를 권한다. 질문을 시작하기 전에

'네'에 해당하는 특정 색상과 '아니요'에 해당하는 색상을 정해보자. 그리고 의도적으로, 집중적으로 이미 답을 알고 있는 '네/아니요' 질문을 스스로에게 해보라. '네'로 대답할 것이 분명한 질문을 스스로에게 던졌을 때 '네'에 해당하는 색상을 시각화하라. '아니요'로 대답할 것이 분명한 질문을 스스로에게 던졌을 때 '아니요'에 해당하는 색상을 시각화하라. 당신의 두뇌와 직관이 색상을 사용하도록 훈련했다면 이제 당신이 답을 모르는 것을 물어봐도 된다. 두 색상 중 어느 것이 마음속에 떠오르는지 관찰해보라.

트리거 추적하기

트리거를 추적하는 첫걸음은 감정을 촉발시킨 상황에서 한 발짝 물러서는 것이다. 만약 어떤 상대와 말다툼 중이라면 잠시 시간을 달라고 하고 다른 방으로 간다. 만약 직장에서 일어난 상황이라면 화장실에 잠시 다녀오겠다고 말하라. 화가 난 상태로 반응하기에 앞서 자신의 트리거에 대해 생각해볼 물리적 공간을 스스로에게 마련해주자. 당신이 하고 있는 감정 작업을 알고 있는 사람과 함께 있다면 그 사람에게 상황을 말하고 혼자만의 공간이 필요하다고 양해를 구할 수 있을 것이다.

일단 문제 상황에서 한 발짝 물러났다면 가장 먼저 해야 할 일은 그 감정의 이름을 큰 소리로 부르는 것이다. 설사 그 감정이 계속 이어질 감정이 아니더라도, 그리고 자신이 과민 반응을 보이고 있다 하더라도 감정이 촉발된 후 미칠 것 같은 그 감정의 이름을 큰 소리로 부를 수 있어야만 한다. 감정의 이름을 큰 소리로 부름으로써 그 감정이 자신을 표현할 공간을 마련해주는 것이다.

큰 소리로 감정을 부른 후 다음 질문에 답해보자.

왜 나는 이런 감정을 느끼는가?

(분명히 이 답변에는 다른 사람이 한 말이나 행동을 탓하는 내용이 포함될 것이다. 그래도 괜찮으며, 그 또한 필요한 과정이다.)

⇩

상대방이 한 행동이나 말이 왜 나를 그토록 괴롭혔는가?

⇩

왜 내가 그렇게 느끼지 않는 게 중요한가?

이렇게 '왜'인지 묻는 질문을 의도적으로 계속하라. 질문에 답을 하면서 당신은 상대가 당신에게 한 말이나 행동에 관해 더 많은 사실들을 알게 될 것이다. 계속하다 보면 결국에는 당신의 핵심 상처와 과거에 있었던 일에 더 가까이 다가갈 수 있다.

핵심 상처에 도달하면, 당신이 느끼는 고통이 감정을 촉발한 상대에게서 나온 것이 아님을 알게 된다. 당신의 고통은 이해받고 지지받지 못했던 세월, 즉 핵심 상처를 안고 살아온 오랜 세월 속에서 나왔다. 이제 3장의 실천 리스트에 나오는 '핵심 상처를 다루는 훈련'을 활용하여 상처를 치유해보자. 트리거를 추적할 때마다 이러한 고통이 자신을 치유할 또 한 번의 기회라는 점을 명심하자.

Chapter 6

너와 나 사이에는 경계선이 필요해!
: 경계선 찾기

경계선, 경계선, 경계선……. 초민감자들이 불평을 토로하는 자리에서 가장 많이 언급하는 주제 중 하나가 경계선이다.

"당신은 경계선을 그어야 해요!"

"당신은 도무지 경계선을 그을 줄 모르는군요!"

"맙소사, 그 사람은 당신의 경계선을 완전 무시했군요!"

오해하지 마시라. 경계선은 건강한 공감을 하기 위해 필요한 가장 기본적인 것이다. 경계선은 우리 자신을 위해 스스로 설정하는 규칙이다. 우리 삶의 질은 전적으로 경계선에 의해 좌우된다. 우리가 어떤 상황을 받아들일지, 거절할지, 바꿀지를 결정해주는 문지기가 경계선이기 때문이다.

사실 선을 긋는 행위는 보통 사람들이 생각하는 것보다 훨씬 쉽다. 자기가 어떤 사람인지 잘 알수록 자신의 경계선을 알고 생활 속에서 적용하는 것이 쉬워진다. 자신의 경계선을 스스로 지키는 일은 근육 기억 훈련과 비슷하다. 잠자리에 들기 전에 양치질을 하거나, 매일 아침 강아지를 산책시키는 일처럼 어떤 습관을 들여놓으면 점점 그 습관이 몸에 익어 자동화가 된다. 여기서 나오는 경계선 설정 훈련을 적용하다 보면 당신도 머지않아 자동으로 경계선을 지킬 수 있을 것이다.

경계선 설정의 비밀

당신이 경계선을 바라보는 시각을 바꿔줄 작은 비밀이 하나 있다. 우리는 항상 바람직한 경계선을 만들어야 한다고 이야기한다. 하지만 실은…… 아무것도 만들 필요가 없다.

> 다시 한번 말하지만, 당신은 그 어떤 경계선도 만들 필요가 없다. 우리가 만들어야 할 경계선은 '없다'.

경계선은 이미 모든 상황에서 완벽한 형태로 존재하고 있다. 당신의 경계선은 실제로 항상 제자리에 있다. 따라서 우리가 해야 할 일은 경계선을 새로 만드는 게 아니라, 이미 존재하는 경계선이 어디에 있는지 자각하는 일이다.

우리 모습을 바라볼 때 자아를 두 가지 층위로 나눠서 이해해보자. 첫 번째 층위이자 가장 중요한 층위는, '상위 자아'다. 당신의 상위 자아는 무엇이 문제인지 정확히 알고 있으며 믿을 수 없을 만큼 현명해서, 당신의 요구와 경계선에 대해 이미 알고 있다. 상위 자아는 당신이 상황과 관계에 맞게 경계선을 옮기고 조정하도록 돕는다.

또 다른 층위는 '인간적 자아'다. 인간적 자아는 시간이나 물리학과 같은 인간이 만든 물리적 법칙을 준수한다. 그래서 상위 자아보다 조금 뒤처져 있는 자아다. 인간적 자아는 무거운 에너지에 압도당하며, 물리적 신체를 중심으로 작동하기 때문에 에너지를 정화하고 통합하는 과정이 더디고 복잡하다.

경계선 설정과 관련해 당신이 해야 하는 유일한 일은 상위 자아를 통해 이미 존재하는 경계선을 자각하는 것이다. 경계선인 줄 미처 모르고 있었는데, 누군가가 당신의 경계선을 존중하지 않을 때 답답함을 느꼈던 적이 있는가? 그때 가슴이 철렁하는 듯한 느낌이 들었는가? 어떤 차원에서는 이미 당신이 자기의 경계선을 알고 있었기에 이런 경험을 했을 것이다. 누군가 경계선을 침범하는 느낌은 상위 자아와 단절되는 듯한 배신감으로 발전한다.

인간적 자아와 상위 자아 사이에 대화가 원활히 이루어지면, 당신의 경계선이 어디에 있는지 파악하기 쉬워진다. 경계선 때문에 힘들다면 상위 자아에게 경계선의 끝이 어디인지 물어보면 된다. 상위 자아는 문지기이기 때문에 경계선의 끝이 어디인지 항상 알고 있다. 때로는 우리가 스스로 자신의 경계선을 무시하며, 자기를 배신하기도 한다. 반대로 다른 이들이 당신의 경계선을 무시하며 당신을 배신할 수도 있다. 그렇기에 경계선을 자각하는 일은 매우 중요하다. 이 장의 실천 리스트에서 당신의 문지기인 상위 자아를 파악하는 법을 알아보자.

타인이 넘어올 수 없는 적정한 선

우리가 삶에서 어떻게 경계선을 적용하고 있는지 그 정도를 구간별로 나타내볼 수 있다. 자신이 어느 쪽에 가까운지 알면 스스로 균형을 찾기 쉬워진다.

스펙트럼의 한쪽 끝 구간은 '충분하지 못한' 쪽이다. 경계선을 제대로 활용하지 못하고 경계선의 끝이 어디인지 아직 발견하지 못한 경우다. 이런 사람들은 다른 이들의 에너지에 훨씬 더 취약할 수 있다. 따라서 통제할 수 없이 슬퍼하기도 하고, 무력감이나 연약함을 느끼기도 한다. 주변의 모든 사람들이 항상 경계선을 침범해, 완전히 지치고 숨 막히게 하기 때문이다.

반대편 끝 구간은 '과도한' 쪽이다. 경계선을 적용하는 정도가 여기에 있는 사람들은 자신을 위해 확실한 경계선을 그으려고 노력한다. 그러나 자신을 보호하려는 노력이 지나쳐 유연한 경계선 대신 단단한 강철 벽을 세운 사람들이다. 경계선을 과도하게 그으면 나쁜 것들은 막을 수 있지만, 동시에 좋은 것도 막게 된다. 타인의 에너지에는 덜 취약해도 외로움을 느낄 가능성이 크다. 동정심이나 공감하는 마음과 멀어져 어느 누구도 당신에게 가까이 다가가려 하지 않을 수도 있다.

그렇다면 당신의 태도는 어느 구간쯤에 있는가? 대다수의 초민감자들은 아주 민감한 자신의 현실을 극복하기 위해 노력하면서 시기별로 이 둘 중 어느 한쪽 끝에 놓여 있는 경우가 많다. 하지만 보통은 어느 한쪽이 우세하다.

지금까지 너무 부드럽게 양보하는 태도만을 보였는가? 아니면 지금까지 너무 경직되고 냉정한 태도만을 보였는가?

삶 속에서 당신의 경계선이 끊임없이 침범당하고 있다고 느꼈던 적이 있는가? 아니면 나쁜 것들을 막는 데 너무 집중한 나머지 좋은 것들을 받아들이지 못한 적이 있는가? 당신은 이 두 가지 사이에서 균형을 찾아야 한다. 자신의 경계선에 대해 강인하면서도 유연한 정체성을 가지기를 바란다. 자신의 힘을 유지할 만큼 강하되 자신을 벽 뒤에 가둬둘 정도로 너무 방어적이어서도 안 된다.

경계선은 정말 복잡한 주제일 수 있지만 단순화시켜보면 쉽게 이해가 간다. 상위 자아가 당신을 위해 이미 경계선을 완벽하게 만들어놓았다는 점을 인식한다면, 경계선을 '만들어야 한다'는 압박감에서 벗어날 수 있을 것이다. 그저 주파수를 맞추고 경계선이 어디에 있는지 느끼기만 하면 된다.

그라운딩 훈련

그렇다면 이미 존재하는 경계선에 주파수를 맞추는 방법은 무엇일까? 첫 번째 단계는 '그라운딩'이다. 그라운딩은 당신의 에너지를 안정적으로 유지시키는 중요한 과정이다. 일반적인 개념으로 그라운딩은 대지의 에너지에 접속하여 몸에서 넘치는 필요 밖의 에너지를 발로 끌어와 지면에 안정화시키는 것이다.

넘치는 과한 에너지는 흔히 상위 차크라에서 볼 수 있는데 안정화시키지 않으면 불안이나 정신 이상을 불러일으킬 수 있다. 많은 영적 에너지들은 주로 상위 차크라에 존재하며 대부분의 에너지가 좋은 에너지일지라도 안정화되지 않아서 자주 현실 감각을 잃어버린다. 당신의 물리적 육체와 영적인 육체 모두를 보호하기 위해 경계선이 존재하는 것이므로 물리적 에너지와 영적 에너지 둘 다 안정화시킬 필요가 있다. 또한 물리적 육체가 에너지를 통합하는 속도가 느리기 때문에 물리적 육체의 에너지를 신경 써서 돌보는 것이 특히 중요하다.

그라운딩은 대지와의 접속을 마음속에 시각화하는 것만으로도 쉽게 할 수 있다. 즉, 해변의 모래사장에서 발가락을 세우고 걷는 모습이나 맨발로 숲속을 산책하는 모습과 같이 재미있는 육체 활동을 마음속에 떠올려보는 것이다. 그라운딩을 할 때는 영적 에너지가 몸과 차크라를 통해 일정하게 배분된다. 그러한 균형 상태가 당신이 경계선을 더 잘 인지하게 해주는 열쇠이며, 경계선을 발견하고 그만큼 더 강력하게 경계선을 지켜나갈 수 있게 해준다.

당신은 자신을 안정시키기 위해 이미 직관적으로 어떤 방법을 사용하고 있을 것이다. 힘들 때 도보 여행을 하는가? 아니면 모래밭에 발을 묻고 있기를 좋아하는가? 그라운딩이 필요할 때는 자기도 모르게 빨간색에 이끌린다는 사실을 알고 있는가? 빨간색은 근원 차크라root chakra의 색이며 빠른 그라운딩을 도와주는 최고의 색상이다. 그라운딩이 필요할 때 당신은 이미 뿌리채소나 따뜻한 음식, 초콜릿을 많이 먹고 있을 것이다.

당신이 떠올렸던 좋아하는 일에서부터 그라운딩 훈련을 시작해보자. 그라운딩을 매일 하는 의례적인 일로 삼아보라. 먹는 음식과 몸을 움직이는 방식에 의식적으로 신경을 쓰라. 이 장의 실천 리스트에서는 매일 쉽게 실천할 수 있는 그라운딩 시각화에 관해 알아볼 것이다.

경계선을 인식하는 법

에너지를 안정화시켰다면 당신의 경계선이 어디에 있는지 더 잘 느낄 수 있는 환경이 만들어졌다. 이제 '네/아니요' 직관과 에너지 서명을 활용해 세부 내용을 알 수 있다. 당신이 느꼈던 '네/아니요'에 해당하는 몸의 반응을 기억하고 있는가? 당신이 만든 에너지 서명을 기억하고 있는가? 그 반응들은 당신의 경계선과 연관되어 있으며, 어떤 상황이든 그것을 실험해볼 수 있다.

직장 동료들을 대할 때 당신의 경계선이 어디에 있는지 궁금하다면, 동료들과 함께 하는 다양한 시나리오와 상황을 상상해보고, 각각의 시나리오에 당신이 어떻게 반응하는지 관찰한다. 어떤 상황에서 강한 '아니요' 반응을 느낀다면 거기가 당신의 경계선이다. 또 다른 상황에서 강한 '네' 반응을 느낀다면 그 상황에서는 당신의 경계선이 건강하고 유효하다는 뜻이다. 한 발 더 나아가, 강한 '아니요' 반응을 보이는 시나리오를 상상한 후 그 상황이 '네'로 느껴지게 하려면 어떻게 바꾸는 게 좋을지 생각해보자. 단순히 감정과 신체가 보내는 신호를 따르는 것만으로도 경계선의 가장자리와 중앙부를 알아낼 수 있다. 이것은 상상 속에서 이루어지는 훈련이다. 우리가 앞에서 살펴보았던 내면의 피해자와 악당, 에너지 서명 등 창조적인 작업이 이 과정을 더 쉽게 만들어줄 것이다.

이 훈련은 직접 해보면 더 명확하게 알 수 있다. 처음에는 시행착오를 겪겠지만 노력한 만큼의 보람이 있을 것이다. 인간관계를 떠올리며 '네/아니요' 반응과 에너지 서명을 느껴보라. 특정한 방식으로 질문에 답하면서 혹은 답을 들으면서 반응을 감지해보라. 그 인간관계에서 배신감이 느껴지는가, 아니면 확장하고 싶은 느낌이 드는가? '긍정'으로 느껴지는가, '부정'으로 느껴지는가? 당신이 만들어낸 특정한 에너지 서명이 느껴지는가?

경계선을 찾아가는 과정 중에서 의무감이나 죄책감으로 무언가를 할 때 어떤 감정이 드는지 잘 알아두는 것이 중요하다. 초민감자는 돌보는 성향을 타고났기에 관계에 도움이 되고 싶은 나머지 자신의 능력을 벗어나는 일을 하겠다고 받아들인다. 하지만 당신의 몸은 당신이 경계선을 넘어서고 있다는 사실을 알고 있으며, 이를 알리기 위해 특정한 신호를 보낼 것이다.

'네/아니요' 반응을 더 잘 인식하게 되면, 당신의 능력을 넘어서는 일을 받아들일 때 '아니요' 반응인 수축과 움츠러듦을 느낄 수 있다. 그리고 경계선을 인식하고 구별하는 데 집중하면서 당신이 더 강해진다면, 이제 '아니요' 반응을 느낄 때 '아니요'라고 말하게 될 것이다.

사람들이 어떻게 반응할지 걱정된다면 한 가지를 명심하자. 당신이 자신의 경계선을 존중할 때 느끼는 만족감과 힘은 일시적 죄책감보다 훨씬 크다.

무엇이 당신의 에너지를 빼앗아가는가?

경계선을 찾아나갈 때는 자신의 에너지 저장량을 알고, 무엇이 자신의 에너지를 고갈시키거나 충전시키는지 알아야 한다. 자신의 전력과 습관을 잘 알고 있다면 더 자율적으로 경계선을 지킬 수 있다.

당신의 에너지를 고갈시키는 사람들이나 장소, 혹은 그런 일이 있는가? 찬찬히 생각해보라. 당신의 삶에서 기쁨을 앗아가는 모든 것들이 바로 경계선이 필요한 부분이다. 항상 사람들을 즐겁게 해줘야 한다고 생각한다면 자기에게 필요한 에너지를 다른 사람들에게 주고 있다는 뜻이다. 연애 관계에서 자기를 낮추는 습관이 있다면, 그 습관을 스스로 의식함으로써 앞으로 관계를 더 긍정적인 방향으로 발전시켜나갈 수 있다. 자신의 약점을 알고 있다면 이미 절반은 성공한 셈이다. 이것이 우리가 부정적인 감정을 알아내고 의인화하는 데 많은 시간을 쏟은 이유다.

그런데 가끔은 의식하는 것만으로는 충분하지 않다. 에너지를 고갈시키는 일부 사람들이나 대상과는 결별해야 한다. 당신의 삶과 주위 사람들을 지속적으로 살펴보면 무엇을 떠나보내야 하는지 깨닫게 될 것이다.

당신에게 기쁨과 힘을 주는 사람들은 누구인지, 에너지를 충전해주는 장소와 일은 무엇인지 생각해보라. 당신에게는 이런 사람들과 장소가 더 필요하다. 이를 더 많이 받아들이기 위한 공간을 만들 필요가 있다. 좋은 것을 받아들이고 기쁨을 느끼는 것 자체가 자동으로 경계선을 강화하는 훈련이 된다. 영혼을 위한 긍정적인 강화 훈련이다. 에너지를 빼앗는 것과 결별할 때 당신에게 에너지를 주는 무언가가 삶에 들어올 수 있도록 더 많은 공간을 확보할 수 있다.

항상 에너지 저장량을 파악하고 있으면 에너지의 균형을 맞추기 위해 무엇이 더 필요하고 무엇이 덜 필요한지 알아차리기 쉽다. 최근에 에너지를 충전시키는 일보다 에너지를 빼앗는 일들에 더 많은 시간을 쏟았다면, 에너지를 빼앗는 일에서 한 발 물러서서 즐거운 일을 더 해야 할 때다. 최근에 즐거움을 좇는 데 많은 시간을 보내고 에너지가 충전된 느낌이라면, 기꺼이 누군가를 돕기 위한 일을 할 수 있을 것이다. 에너지 저장량에 따라 당신의 결정이나 타인에 대한 답변도 자주 바뀌게 된다. 에너지 저장량을 늘 파악하고 있는 것이 경계선의 가장자리를 벗어나지 않는 하나의 방법이다.

나를 위한 선택을 허락하라

당신이 그동안 사랑하는 사람들에게 얼마나 많은 것을 주었는지 알고 있다. 얼마나 도와주고 희생했는지도 안다. 어쩌면 당신은 오랫동안 자신의 경계선을 무시해와서 이제는 경계선이 있는지조차 잘 모를 수도 있다. 그래도 괜찮다. 당신은 선한 의도로 자신의 경계선을 무시하고 당신의 능력으로 감당할 수 없는 일들을 짊어져야 했을 것이다. 당신은 항상 다른 이들을 위해 착한 행동을 하는 사람이 되길 원했다. 물론 인정받을 만한 행동이긴 하지만 이쯤 되면 당신은 정말 피곤하고 지쳐 있을 것이다. 기진맥진하고 모든 게 감당하기 힘들지 않은가?

이제는 스스로에게 '멈춰도 된다'고 말해야 한다. 당신이 멈추면 세상이 멈출 것 같겠지만 장담하건대 절대 그렇지 않다. 당신의 에너지를 고갈시키는 것들을 내려놓고 스스로에게 '아니요'라고 말할 것을 허락하자.

당신은 쉬어도 괜찮다. 스스로 휴식하도록 허락하라. 때로는 다른 사람들을 실망시키더라도 자기를 위한 선택을 해도 괜찮다. 다른 사람이 아닌 자기를 위한 선택을 하도록 스스로 허락하라. 당신에게 도움이 되지 않는 인간관계는 청산하도록 허락하라. 당신은 더 강해질 수 있는 힘이 있다. 스스로 강인해질 것을 허락하라.

당신은 아예 사랑을 하지 않는 것보다는 지치게 하는 관계라도 이어가는 것이 낫다고 생각할지도 모른다. 하지만 내 존재를 있는 그대로 받아들이고 그렇게 살아가도록 허락할 때 발견하는 사랑이 당신이 경험한 반쪽짜리 사랑보다 더 강하다. 당신의 경계선을 존중하지 않는 사람들과는 헤어져야 한다. 당신을 전적으로 지지하고 경계선을 존중하는 사람들이 당신의 삶 속으로 들어올 수 있도록 공간을 마련해놓아야 한다. 그 사람들은 경계선 때문에 언짢아하는 것이 아니라 오히려 당신을 더 사랑할 것이다.

나를 위한 선택을 허락하라.

당신의 진심을 표현하라

•

나도 진심을 전달하는 게 얼마나 어려운지는 알고 있다. 진심을 표현할 때 주로 거절하는 상황이 따르기 때문에 연습이 필요하다. 상대에게 진심을 말하는 것은 경계선을 지킬 때 절대적으로 필요한 사항이다. 당신은 자신의 경계선을 직접 말할 수 있어야 한다.

> 다시 한번 강조하지만, 당신은 자신의 경계선을 말할 수 있어야 한다.

당신의 경계선이 어디에 있는지 찾아내는 모든 작업을 했더라도 그것을 말로 표현하지 못한다면 무용지물이다. 사람들이 모두 선천적으로 직관이 발달해서 굳이 말하지 않아도 당신의 경계선을 감지할 수 있다면 좋겠지만, 현실은 그렇지 않다. 인간은 본질적으로 덮어놓고 행동하는 맹목적인 상태를 좋아하기 때문에 사람들은 당신의 경계선을 잘 보지 못한다. 가장 가까운 사랑하는 사람들조차 우리의 경계선을 자연스럽게 알아차릴 것이라고 기대하기는 어렵다. 그렇기에 우리가 그들에게 직접 말을 해줘야 한다. 우리가 스스로 경계선을 말할 수 없는데, 어떻게 그들이 우리의 경계선을 알아차리고 존중해줄 수 있을까?

지금까지 했던 모든 감정 작업들은 기본적으로 다른 이들이 당신을 더 잘 이해하도록 도와주는 지침이 될 것이다. 자신을 진정으로 사랑하고 이해할 때, 당신이 사랑하는 사람들에게도 무엇이 당신을 진정으로 사랑하고 이해하는 것인지 말해줄 수 있다. 자신의 경계선을 정확히 알고 말로 표현하면 관계가 발전될 가능성도 높아진다. 자신과 자신이 원하는 것을 더 명확하게 알수록 골치 아픈 상황과 오해가 덜 발생하게 되고, 인간관계가 더 수월해진다.

이는 반대의 경우도 마찬가지다. 누군가의 경계선을 잘 모르겠다면 그 사람에게 물어보자. 사랑하는 사람들을 더 잘 이해하려면 그들의 경계선도 알아야 한다는 사실을 명심하라.

사람들이 당신의 경계선을 존중하지 않을 때

변화는 누구에게나 쉽지 않다. 당신에게만 어려운 것이 아니라, 당신의 삶 속에 있는 모든 이들에게도 어렵다. 당신이 자신의 경계선을 인식하고 변화와 성장의 징후를 보일 때, 당신이 사랑하는 사람들, 특히 가족과 친한 친구들이 적대감을 보이거나 화를 낼 수도 있다. 그들은 당신의 기존 모습에 익숙해져 있기 때문이다. 당신이 의식적으로 더 이상 똑같은 패턴으로 행동하지 않으려고 할 때 그들은 불안감을 느낀다.

인간관계에서 경계선을 지키기 위해 새로운 규칙을 정하면, 더 이상 사람들을 동일한 행동 패턴으로 상대하지 않게 된다. 그러면 상대방도 이제 당신과 동일한 패턴으로 어울릴 수 없다. 이것이 많은 사람들이 무서워하는 일이다. 당신의 변화를 수용하기 위해 사람들도 어떤 면에서 변해야 한다면 그들은 변화를 전적으로 거부할 수도 있다. 이에 관해 이점을 발견하지 못한다면 더욱 그럴 것이다.

당신이 변화할 때 당신이 사랑하는 이들은 기본적으로 당신을 잃게 될까 봐 두려워한다. 어떤 면에서는 타당한 이야기다. 당신이 감정적으로 변화하면 사실상 이전의 당신은 죽는 것이기 때문이다. 경계선과 관련한 새 규칙을 정하면, 과거의 규칙을 따르던 이전의 당신이 머물 자리가 점차 사라진다. 당신이 규칙을 바꾸려 할 때, 사랑하는 이들은 이전의 규칙 속에 있던 과거의 당신이 더 이상 존재하지 않음을 슬퍼해야 한다. 당신도 과거의 당신이 이제 죽었다는 사실을 애도해야 한다. 어떤 경우에는 당신의 직관과 경계선을 따르려 할 때 몇몇 사람들과 결별해야 할 수도 있다. 당신의 경계선을 존중하고 맞춰줄 수 없거나, 맞춰줄 마음이 없는 사람들은 더 이상 당신 곁에 있을 수 없다. 만약 그들이 당신이 사랑하는 사람들이라면 그들과의 관계를 끊는 것은 삼키기 어려운 알약을 삼키는 것처럼 힘들 것이다.

인간관계는 당신이 변하면 그 결과로 자연스럽게 변한다. 당신의 경계선을 존중하고 성장하려는 의지가 있는 이들은 새롭고 아름다운 방식으로 꽃을 피울 것이며, 당신의 경계선을 존중하지 않고 성장하려 하지 않는 이들은 말라서 죽게 될 것이다. 가혹하게 들리겠지만 그것이 현실이다. 그중에는 계속 유지하고 싶은 관계도 있겠지만, 관계를 유지하려고 노력해도 당신이 변화했기 때문에 그들은 더 이상 당신과 어울리지 않으려 할 것이다.

과거의 자기를 떠나보내는 것은 힘들다. 하지만 한편으로는 그 자체가 바로 위대한 지혜이자 수용이다. 새로운 규칙과 생각으로 변화된 당신의 인생이 이전의 삶보다 훨씬 더 나은 인생이 될 거라는 사실을 안다면 조금은 그 고통을 덜 수 있을 것이다.

자발적인 에너지 차단

초민감자로 살아간다는 것은 항상 주변의 모든 것을 느끼는 삶이다. 아주 피곤한 삶이며, 주의력을 빼앗기기 쉽다. 모든 이들의 감정을 느끼게 되면, 정작 자기에게 필요한 시간과 에너지를 다 빼앗길 수 있다. 비축해놓은 에너지를 자기와 관련이 없는 타인의 감정을 위해 쓰고 있다면, 점점 힘을 잃어갈 수밖에 없다. 무력하고 부담스러운 느낌을 받는 것이 당연하다. 자신의 골치 아픈 문제들을 해결할 에너지가 남아 있지 않기 때문이다!

이 문제를 해결하려면 '자발적인 에너지 차단'을 활용해 느끼고 싶지 않은 불필요한 에너지에 대항해야 한다. 자발적인 에너지 차단은 말하자면 자기를 보호하도록 상위 자아를 작동시키는 설정 같은 개념이다. '다른 사람들의 문제를 해결할 시간과 에너지가 없다'고 말함으로써 자꾸 다른 에너지가 끼어들어와 방해하지 못하도록 만드는 것이다. 이는 많은 것을 느끼는 초민감자들에게는 필수적인 생존 도구다. 이 도구는 당신이 필요하다고 생각하는 범위만큼 사용할 수 있다. 이 장의 실천 리스트에 자발적인 에너지 차단을 잘 활용할 수 있는 유용한 시각화 훈련이 소개되어 있다.

모든 것은 협상이다. 이것을 명심하자. 특히 상위 자아와 우주에 관해서 협상을 해야 한다. 일이 잘 풀리지 않는다면 당신의 상위 자아에게 다른 조건을 협상할 수 있다. 당신이 에너지를 경험하는 방식이 문제가 된다면 에너지를 경험하는 방식 중에 당신이 선호하는 것을 우주에 이야기할 수 있다. 우주는 실제로 용감하게 큰 소리로 말하는 사람들에게 상당히 많이 화답해준다(이것은 경계선을 소리 내어 말하는 데에도 아주 좋은 훌륭한 훈련이다).

당신의 상위 자아에게 말을 걸어보자. 현재 당신이 관여하고 싶지 않은 에너지, 불필요한 에너지에 대해 자발적인 에너지 차단을 실행하고 싶다고 말해보자. 그리고 앞으로 일상에서 누군가가 당신에게 다가와 무력하게 하는 게 느껴진다면, 자발적인 에너지 차단을 이용해 멀리 도망쳐라.

민감한 나를 위한 오늘의 실천 리스트

우리는 앞서 자신의 경계선을 새로 만들 필요는 없다고 이야기했다. 여기에 안심하는 사람들이 많을 것이다. 그 대신 우리는 경계선이 어디에 있는지 인식해야 한다. 다음의 훈련을 따라해보면 경계선을 파악하고 대처하는 데 큰 도움이 될 것이다.

문지기를 파악하라

여기서 말하는 문지기란 당신의 경계선을 지키는 임무를 전담하고 있는 상위 자아의 한 형태다. 문지기는 모든 인간관계에서 일어나는 상황에 맞추어 당신의 경계선을 완벽하게 조정한다. 문지기와 대화를 나누면서 당신의 경계선이 어디에 위치해 있는지 알아내야 한다.

그러려면 눈을 감고 내면에서 경계선을 지켜주는 문지

기의 모습을 마음속에 떠올려보라. 당신의 문지기는 어떻게 생겼으며, 어떤 차림새를 하고 있는가? 그들이 보호하고 있는 문은 어떤 모양인가? 그들의 이름은 무엇인가? 그들이 당신에게 이야기하는 태도를 상상해보자. 아마도 문지기는 당신의 경계선에 관해 모든 것을 알고 있는 권력자라서 말투가 상당히 고압적일 것이다. 아니면 어떤 문지기들은 훌륭한 유머감각을 지니고 있기도 하다.

그러니 시간을 두고 그들에 대해 알아보라. 그들이 좋아하는 대화 방식이 무엇인지 물어보라. 아마도 그들은 몸으로 신호를 보내거나 짧은 구절이나 감각적 반응으로 당신과 의사소통을 할 것이다.

이 모든 세부 내용을 기록해두고 규칙적으로 문지기에게 대화를 걸어보자. 상황이 달라지면 문지기의 기분도 달라질 것이다. 따라서 그들의 패턴과 기분을 파악하고 그들이 당신의 삶에서 일어나는 일과 어떻게 관계를 맺는지 자세히 알아야 한다.

문지기와 대화를 더 많이 할수록 문지기는 일상 생활에서 경계선이 어디에 있는지 더 쉽게 파악하도록 돕는 의사소통 도구가 되어줄 것이다.

그라운딩 시각화하기

눈을 감고 몇 분 동안 깊게 심호흡을 하라. 땅의 중심부에서 올라온 밝은 붉은색의 빛기둥을 떠올려보라. 이 순수한 땅의 에너지인 붉은 빛은 당신의 발을 통해 흡수될 것이다. 붉은 빛이 당신의 몸으로 흡수되어 다리로 올라와 차크라를 통해 천천히 위쪽으로 올라오는 것을 지켜보라. 또 이번에는 하늘에서 내려온 하얀 빛기둥을 떠올려보라. 이 에너지는 순수한 신성의 에너지이며, 크라운 차크라를 통해 당신의 몸으로 흡수되고 있다. 에너지가 천천히 움직이며 차크라를 통해 흡수되는 것을 지켜보라.

당신은 완벽하게 땅과 연결되어 있으며 하늘과도 연결되어 있다. 심장 차크라에서 붉은 빛과 하얀 빛이 섞이며 당신의 가슴 위에 아름다운 연분홍빛을 만들어내는 것을 보라. 이 에너지는 무조건적인 사랑이며 부드럽고 안전한 느낌을 준다. 이 순간 당신은 만물과 연결되며, 당신의 가슴은 하늘과 땅이 만나는 지점이 된다.

경계선 체크리스트

이제 당신이 경계선을 적용하는 방식을 살펴보자. 이 체크리스트를 활용해 당신이 어느 부분에서 어려움을 느끼고 있는지 알아볼 수 있다.

☐ 당신은 안정되어 있는가?
그렇지 않다면 그라운딩 활동이나 앞서 언급한 그라운딩 시각화 훈련을 해보자.

☐ 자기 경계선의 끝이 어디인지 알고 있는가? 어느 지점에서 당신의 에너지가 날카로워지는지, 혹은 어느 지점에서 타인을 더 이상 받아들일 수 없는지 느끼고 있는가?
그렇지 않다면 당신의 에너지 서명 체계와 '네/아니요' 신체 직관을 활용해 경계선의 끝이 어디인지 찾아보자.

☐ 당신의 에너지 저장량이 어느 정도인지 알고 있는가? 사람들에게 줄 수 있는 에너지 양이 얼마큼인지 아는가?

잘 모른다면 최근 에너지를 충전받았거나 빼앗겼던 일들을 찬찬히 살펴보라.

□ 당신은 스스로에게 휴식을 허락하고 있는가? 경계선이 어디에 있는지는 알고 있지만, 누군가의 반응이 두려워서 선을 긋기를 주저하고 있는가? 당신에게 필요한 것을 필요하다고 말하기 내심 부끄러워하는가?
부끄러움이나 죄책감을 느낀다면 그 감정에 대해 에너지 서명을 사용해보자. 그리고 얼마간 그 감정을 신성한 방식으로 표현해보자.

□ 당신의 경계선을 크게 소리 내어 말해본 적이 있는가? 당신의 진심을 표현하지 않고서는 다른 이들이 당신의 경계선을 존중해주길 바랄 수 없다.
진심을 말하는 데 어려움이 있다면 이 사항들을 다시 살펴보고 어떤 감정이 말하는 것을 방해하는지 알아보자.

자발적인 에너지 차단 시각화하기

긴장을 풀고 눈을 감는다. 몇 분간 깊은 심호흡을 한다. 아름다운 사원 밖에 있는 자신을 상상해보라. 사원의 모습은 당신이 원하는 어떤 형태이든 상관없다. 벽이 세워진 입구가 전체 사원을 둘러싸고 있다. 입구는 돌로 만들어졌을 수도 있고, 나무로 만들어졌을 수도 있다.

사원을 둘러싸고 있는 이곳은 당신의 경계선을 나타낸다. 그리고 경계선은 당신의 사원, 즉 순수한 영혼을 보호하고 있다. 벽으로 둘러쳐진 입구를 천천히 걷고 있는 자신의 모습을 마음속에 그려보라.

이는 그냥 여유로운 산책이자 안전 점검이기도 하다. 사원의 입구에 이르려면 계단을 거쳐야 한다. 이 계단은 다른 이들이 당신을 만나려면 거쳐야 하는 공간이다. 산책을 하며 입구에 세워진 커다란 돌기둥을 떠올려보라. 이 기둥들은 자신과 관련 없는 에너지를 느끼지 않도록 차단하고 보호하기 위해 놓여 있다. 이 큰 기둥들이 있으면 당신은 필요 이상의 에너지를 받아들일 필요가 없으며, 이러한 에너지는 더 이상 당신에게 도달할 수 없다.

당신은 언제나 다시 돌아와서 현재의 상황에 맞게 기둥

을 재배치할 수 있다. 언제라도 자기를 보호하고자 할 때 이 기둥을 놓을 수 있다는 사실을 알아두자.

Chapter 7

당신의 관계에는 항상 반복되는 에너지 패턴이 있다
: 초민감자의 인간관계

한번은 계좌를 바꾸러 은행에 갔다. 나는 무엇이든 기꺼이 도와주려고 하는 친절한 은행원을 만났다. 그는 약간 긴장한 것 같았고 매우 수다스러웠으며 주의가 산만해 보였다. 이 은행원은 계좌 변경을 위해 필요한 서류를 말해주었는데 나는 그 말을 듣고 아주 혼란스러워졌다. 그가 요구한 서류들은 들어본 적도 없었으며, 계좌를 변경하려면 무엇이 필요한지 나도 이미 잘 알고 있었기 때문이다. 그에게 다시 확인하자 그는 자신의 말이 맞다고 나를 안심시켰고, 나는 갑자기 계좌 변경에 무엇이 필요한지 전혀 모르는 사람인 것처럼 행동하기 시작했다. 내 목소리는 도움이 필요한 것처럼 한 톤 올라가 있었고 "아, 모르겠네요!"라던가 "와, 그건 몰랐네요!"와 같은 말들을 연발하고 있었다. 그리고 은행원이 "제가 이렇게 도와드릴 수 있어서 다행이네요"라고 말한 것에도 이의를 제기하지 않았다.

집에 돌아와 검색해보니, 그가 내게 알려준 정보는 옛날 정보였고 완전히 잘못된 것이었다. 내가 알고 있었던 정보가 맞았다. 나는 일이 그렇게 되어서 짜증이 났다. 일어난 일을 머릿속으로 되짚어보면서 내가 성격이나 신념과는 전혀 맞지 않게 행동했다는 사실을 깨달았다. 나는 그 은행 직원이 자기 말이 옳다고 요구한다는 느낌을 감지하고 거기에 자동으로 응답했던 것이다. 나는 더 생각해보지도 않고 그가 직접 말하지도 않은 감정적 요구를 수용해주기 위해 스스로 몸을 낮추었다.

한 주 후에 그 은행의 다른 지점을 방문해 예전에 업무를 처리해주던 여자 은행원을 만났다. 나는 필요한 서류를 가지고 가서 건네주며 "여기 있어요"라고만 말했다. 그러자 그녀는 여러 말할 것도 없이 계좌를 변경해주었고 내게 어떤 응답을 기대하지도 않았다. 완벽한 일처리였다.

나는 그때서야 깨달았다. 내가 왜 항상 무의식적으로 여자 상사가 주는 일은 받아들이면서 남자 상사가 주는 일은 거절했는지(또는 하다가 금방 그만두었는지를) 말이다. 초민감자인 내 성향은 문화적으로 특히나 권력의 자리에 있는 남자들에게 반응하도록 맞춰져 있었다. 그리고 이런 자동적인 반응은(내 생산성과 창의력을 말살한 것은 말할 것도 없으며) 나를 아주 불안하게 했다. '전혀 모르는 사람을 기분 좋게 해주려고 나를 이렇게 많이 바꾸는데, 정작 실제로 잘 알고 지내는 사랑하는 사람들을 위해서는 자신을 얼마나 바꾸고 있는가?' 하고 생각했던 기억이 난다.

초민감자는 감정적으로 남을 도와주는 천성을 타고났고, 자주 남을 돌보는 역할을 맡는다. 따라서 인간관계에서 혼란을 겪거나 관계의 균형이 깨지기 쉽다. 대부분의 초민감자들은 낯선 사람이라 할지라도 타인의 감정적 요구에 맞추려고 자신을 바꾸는 등 공통적인 감정 에너지 패턴을 경험한다. 이 공통적인 패턴을 알고 있으면 인간관계를 이해하고 그 관계에서의 경계선을 파악하는 데 도움이 된다. 이 장의 실천 리스트에서는 관계 패턴 목록을 만들어볼 것이다.

모두에게 맞추는 카멜레온

•

초민감자는 같이 있는 사람에 맞게 자세를 낮추고 자신을 바꾸는 기묘한 능력이 있다. 타인의 감정을 느낄 수 있다는 것은 상대가 굳이 말하지 않아도 그의 감정적 요구를 파악할 수 있다는 의미다. 문제는 타인의 감정을 느끼는 것에 그치지 않고 초민감자는 그들이 말하지 않은 감정적 요구를 충족시켜줘야 한다는 본능적인 책임감을 느낀다는 점이다. 즉, 초민감자는 함께 있는 사람의 무언의 요구에 맞추려고 평소와 다르게 행동하거나, 지금까지 하던 일을 다른 방식으로 할 가능성이 높다.

타인의 요구를 충족시키고자 하는 무의식적인 열망이 정말 좋은 마음에서 우러나온 것이라 해도, 카멜레온처럼 감정을 흡수하는 이 능력 때문에 때로는 자기 자신을 잃어버리기도 한다. 어떤 때는 이런 행동이 상대를 더 편안하게 해준다고 생각해 타인을 달래기 위해 소심하게 행동하기도 한다. 오랫동안 이를 반복하다 보면 당신은 자신이 누구인지 더 이상 모르겠다고 생각하며 혼란스러워할 것이다. 혹은 더 심한 경우에는 남에게 맞추려 소심하게 행동함으로써 스스로를 속이고 배신했음을 깨닫게 된다. 초민감자는 상대방의 감정이 명확하게 느껴질 때면 그들을 위해 무의식적으로 태도를 바꾼다. 그들의 요구를 들어주다 보면 자신의 감정적 요구는 뒷전이 되는 경우가 다반사다. 주변 사람들의 요구를 파악하고 맞출 수 있다는 것은 놀라운 능력이긴 하지만, 공감이라는 이름으로 자기를 바꾸려 하기 전에 먼저 우리의 능력을 언제 어떻게 나누어주는 것이 좋을지 정확히 알아야 한다.

당신에게 모든 사람들의 감정적 요구를 다 들어줘야 하

는 의무는 없다. 그것은 불가능한 일이며, 무엇이든 무조건 맞춰주는 성향은 상대에게도 당신에게도 도움이 되지 않는다.

자신의 요구를 충족시키고자 하는 신념을 과감히 지켜나간다면 그것이 설사 다른 이의 요구에 어긋난다 해도 당신을 강화시키고 전체적으로 더 균형 잡힌 방향으로 이끌 것이다.

조건 없는 사랑의 왜곡

많은 사람들은 인간관계에서 조건 없는 사랑을 갈구한다. 그들은 조건 없는 사랑을 타인을 용서하고 그 옆에 있어주는 수단으로 활용한다. 하지만 무조건적인 사랑을 원하는 것이 항상 좋은 일일까?

조건 없는 사랑은 인간관계의 실상을 감안했을 때 특히 초민감자에게는 별로 실제적이거나 솔직한 이야기는 아니다. 무조건적인 사랑은 정의상 어떤 조건에도 변함이 없는 사랑이라 할 수 있다. 하지만 여기서 문제는 우리가 가진 '경계선'이 일종의 조건이 된다는 점이다. 관계 속에서 각자가 설정한 경계선은 건강한 인간관계의 조건이다. 어떤 사람이 무엇을 기꺼이 받아들일지 말지를 결정하는 것이 바로 경계선이다.

실제로 인간관계에서 조건 없는 사랑을 한다는 것은 경계선이 없는 관계를 의미한다. 경계선이 존재하지 않는다니 최고의 정신적 사랑주의자들의 로맨틱한 생각처럼 보인다. 하지만 이 땅에 발을 딛고 살고 있는 인간인 이상 우리에게는 건강한 경계선이 필요하다. 무조건적인 사랑을 실천한다면 지속적으로 반복되는 나쁜 행동을 눈감아주고 용서해야 한다. 그런데 초민감자에게는 이미 다른 이들과의 관계 속에서 감정적 경계선을 찾는 일이 도전 과제다. 사랑에는 경계선이 있어서는 안 된다는 생각을 끊임없이 강요하는 것도 초민감자의 감정적인 독립을 더욱 어렵게 만들 뿐이다.

무조건적인 사랑을 갈구하기보다는 두 사람에게 가장 좋은 방향으로 관계가 성장하고 발전할 수 있도록 도움을 주는 '건강한 경계선'을 지키려고 노력한다면 어떨까? 만약 관계 속에서 벌어지는 일들이 각자에게 최선이 아니라면, 그리고 최선을 위해 바뀔 수 없다면, 더 이상 건강한 관계가 아니니다.

이는 당신이 절대 무조건적인 사랑을 할 수 없을 거라는 말이 아니다. 조건 없는 사랑을 하려면 때로는 그들을 놓아주어야 한다는 뜻이다. 그 사람이 당신을 나쁘게 대해도 당신은 여전히 그를 사랑할 수는 있지만, 부정적인 행동을 멈추도록 잠시 멀리 떨어져서 사랑할 필요가 있다. 무조건적인 사랑이 자기애를 대체할 수는 없다. 건강한 경계선이 있는 사랑은 조건 없는 사랑보다 훨씬 더 매력적이다. 건전한 관계로 발전하도록 양측 모두를 강화시켜주기 때문이다.

상호 의존적 관계의 문제점:
외부의 인정 vs 내면의 만족감

•

상호 의존성은 관계에서 부정적인 패턴을 파악할 때 매우 중요한 주제다. 애석하게도 상호 의존적 양상은 초민감자들의 인간관계에서 흔하게 나타난다.

초민감자들은 타인의 감정에 기반을 둔 삶을 살아가는 데 너무나 익숙해서 자존감이 낮아진 경우가 많다. 초민감자는 감정을 강하게 느끼므로 삶의 기반을 내면의 만족감보다는 외부의 인정, 즉, 사랑하는 사람들의 감정과 반응에 두게 된다. 우리가 자기 가치를 외부에서 찾으려고 할수록 행복감과 자신감을 지속시키려고 그 외부적 근원에 더욱 의지하게 된다. 우리는 종종 사랑하는 사람들과의 관계 속에서 '폐쇄된 피드백 루프feedback loops' 안에 갇혀 있는 모습을 발견한다. 피드백 루프는 실질적으로 새로운 진전은 없이 항상 똑같은 언쟁과 똑같은 해결책이 몇 번이고 되풀이되는 상황을 의미한다.

이런 과정을 거치면서 상호 의존성은 더욱 공고해진다. 이전에 인정받았던 경험을 떠올리며 외부에서 행복의 근원을 찾으려 할 때 루프 순환은 점점 더 빨리 이루어진다. 이 시점에 절박함이라는 에너지가 끼어들면, 다른 사람에게서 받는 애정이 우리를 지탱해주는 유일한 것이라고 느끼게 된다.

다른 이들에게 의지해 정서적 안정을 얻으려는 태도는 관계에 아주 큰 부담으로 작용한다. 건전한 관계라면 그 부담 때문에 여지없이 관계가 깨질 것이다. 하지만 그것이 학대 관계라면 희생자 심리와 학대하는 사람 심리 양쪽 모두를 강화시키며 학대의 악순환이 계속되도록 만든다.

상호 의존 관계를 청산하기란 어렵지만 그렇다고 불가능하지는 않다. 높은 자존감은 자기를 잘 알고 스스로 자신의 요구에 부응할 수 있을 때 내면에서 생겨난다. 이 책에 담겨 있는 모든 훈련들은 스스로를 제대로 알고 그 요구를 파악하기 위한 것이며, 이는 더 수월한 인간관계를 위해 당신에게 필요한 것이다. 자신의 어둠을 아주 잘 이해하고 사랑할 수 있다면 상호 의존적 관계가 발생할 여지가 전혀 없다.

학대 관계와 가스라이팅

초민감자는 학대 관계에 빠지기 쉽다. 자신의 감정을 제대로 파악하지 못하고 자신의 에너지를 타인의 에너지와 혼동한다면, 타인이 끼어들어 우리의 감정이 무엇인지 결정하도록 공간을 내주는 셈이다.

가스라이팅gaslighting은 나르시시스트와 소시오패스가 자주 사용하는 심리 조작법으로, 피해자의 마음속에 의심의 씨앗을 심어 스스로 자신의 분별력을 의심하게 만드는 것이다. 통제할 수 없는 민감한 성향으로 이미 혼란스럽고 압도되어 있는 상태라면 가스라이팅 수법에 걸려들기가 아주 쉽다.

누구든 자기 성장 과정을 겪고 있을 때나, 아니면 그 이전이라도 종종 '내가 미친 것은 아닐까?'라고 생각해본 적이 있을 것이다. 가스라이팅은 이런 의구심을 이용한다. 만일 당신이 이미 자신이 제정신인지 의심하고 있다면, 학대하는 사람은 그 두려움을 사실이라고 확인시켜주며 자기가 원하는 방향으로 밀어버리도록 끌고 간다. 이런 방식으로 상호 의존적 관계가 형성된다. 그뿐만 아니라 학대자는 벗어날 수 없는 학대의 구조를 더욱 공고히 만든다. 당신이 이 관계 속에 있다면 그 안에 있는 동안에는 아무 문제가 없어 보일 것이다. 학대하는 사람은 당신의 부정적인 감정을 왜곡하고 당신에게 덮어씌워 모두 다 당신의 잘못이라고 믿게 만들기 때문이다.

이것이 사람들이 학대 관계에서 빠져나오기 힘든 이유 중 하나다. 만일 학대하는 사람이 피해자의 부정적인 경험에 대해 자기 잘못을 발뺌할 수 있도록 관계를 구축한다면, 피해자는 그것이 자기 잘못이거나 아무것도 잘못된 게 없다고 믿게 된다. 피해자에게는 이것이 정상처럼 보일 것이다. "아무도 나처럼 너를 이렇게 사랑해주진 않을 거야"라던가, "네가 나를 만나 너의 모든 감정을 이해할 수 있게 된 건 운이 좋은 거야" 또는 "너는 나를 절대 떠나지 못할 거야" 같은 말을 듣는다면, 피해자는 자신의 분별력을 의심하기 때문에 그 말을 믿어버린다. 관계 속에 푹 빠져 있는 상황에서는 위험 신호가 보이지 않는 법이다.

학대 관계에서 빠져나오는 것은 쉽지 않다. 위험하기도 하다. 가스라이팅 수법의 학대 관계를 겪은 후에는 수년 동안 그 영향에서 벗어나기 위해 노력해야 할 수도 있다. 이런 이유로 별도의 물리적 공간을 마련하는 것은 인간관계에서 자기의 에너지와 타인의 에너지를 구분하기 위해 필요한 가장 중요한 도구다. 어떤 정서적인 자각과 깨달음이든 어느 정도의 건강한 물리적 공간이 먼저 마련되어야 한다. 일단 에너지 서명 체계를 만들어 자신의 에너지와 타인의 에너지를 구분하게 되면, 가스라이팅을 통해 학대를 일삼는 유형의 인간들도 자연스럽게 방어할 수 있을 것이다.

나르시시스트에게 끌리는 이유

로맨틱한 관계에서는 나르시시스트가 정말 매력적으로 보인다. 이상하게 들릴지도 모르지만 당신도 나르시시스트에게서 자주 유혹을 느낄지도 모른다. 사실 상당히 흔한 일이라서 이들에게 끌린다는 사실에 부끄러워할 필요는 없다. 에너지의 관점에서 봤을 때 사람들이 그토록 나르시시스트에게 끌리는 이유는 간단하다.

초민감자로서 당신은 끊임없이 다른 이들의 에너지 공세를 받고 있는데, 나르시시스트는 자신의 진짜 감정적 의도를 숨기는 기술을 가지고 있다. 그들은 다른 이들이 알아채지 못하도록 자신의 에너지를 숨기는 방법을 터득하고 있다. 그러니 초민감자가 이들을 상대하는 것은 오랜만의 휴식과도 같다. 그들의 에너지를 드러내 당신에게 곧바로 부담을 주지 않는 사람과 함께 있다면 어떨까? 당신이 바로 마음을 읽어낼 수 없는 사람과 함께 있다면? 어떤 사람과 함께 있을 때 그의 에너지를 재빨리 읽어내버리면 그 사람에 대한 신비감을 잃어버리기도 한다. 따라서 베일에 싸여 있는 누군가를 만나는 것은 정말 매력적인 일일 수밖에 없다. 나중에는 나르시시스트들도 다른 이들과 마찬가지로 부담스러운 존재가 되긴 하지만, 적어도 처음 만났을 때에 그들은 자기 모습을 드러내지 않는 신비감으로 당신을 현혹시킨다. 이것도 일종의 가스라이팅이라고 할 수 있다.

에너지 차원에서 이러한 맹점이 존재한다는 사실을 자각하고 있어야 상처받는 일들을 예방할 수 있다. 에너지를 읽어내기 아주 어려운 사람들을 대할 때는 가급적 주의하고 그들과 가까워지기 전에 시간을 가지고 지켜보라.

초민감자와 나르시시스트의 연관성

•

초민감자와 나르시시스트는 공감 능력을 다루는 방식만 다를 뿐 근본적으로는 같은 부류의 사람들이라고 한다면 이 말을 믿겠는가?

초민감자들이 나르시시스트들을 악마로 묘사하기 십상인 상황에서 이 말은 이해하기 어려울 것이다. 우리 자신의 모습을 돌아보기보다 그들에게 모든 책임을 돌리는 것이 더 쉽기 때문이다. 하지만 만약 위험한 자아도취 성향이 초민감자의 한 극단적인 단면이라면 어떻겠는가?

초민감자의 범위는 항상 타인을 위해 모든 일을 해줘야 한다는 압박감을 느끼는 초민감자에서부터 자신이 원하는 것을 얻기 위해 타인을 이용하는 냉혹한 나르시시스트에 이르기까지 폭넓다. 민감한 사람들은 자신의 공감 능력을 다루는 방법을 찾으려 노력한다. 그중 일부는 모든 이들의 감정을 느끼는 부담을 떠안는 초민감자가 되지만, 또 다른 부류의 민감한 이들은 공감 스위치를 아예 꺼버리고 엇나가는 쪽을 택해 완전히 공감 능력이 부족한 인간이 된다. 이런 이유로 일반적으로 나르시시스트 중에는 남성이 많고, 초민감자임을 자처한 사람들 중에는 여성이 많다.

여성 초민감자들은 보통 타인의 감정 속에서 허우적거리는 경우가 많다. 그들이 여성으로 길들여지는 과정에서 배운 성향이 영향을 미쳤기 때문이다. 반면 남성 초민감자들은 보통 공감 능력을 꺼버린다. 남성으로 길들여지는 과정에서 감정을 느끼거나 표현하지 않도록 교육받았기 때문이다. 두 유형의 초민감자 모두 다른 이들의 감정을 느끼는 능력이 있지만, 그것을 다루는 방법은 상반된다. 남성은 더 많은 힘을 추구하지만 여성은 힘을 포기하는 편을 택한다. 물론 이것은 일반적인 이야기이며, 여성 나르시시스트나 남성 초민감자가 없다거나 특정 성별로 양분할 수 있다는 말은 아니다. 하지만 성 역할에 대해 오랜 세월 이어져온 문화적 훈련은 여전히 우리에게 영향을 미치고 있다. 이 성 역할이 어떻게 작용하는지 이해하면 에너지의 방향을 전환하고, 자신의 자아도취 성향과 초민감성을 분석하는 데 도움이 된다.

초민감자로서 당신은 둘 중 어느 방향으로든 발전할 수 있는 잠재력을 가지고 있다. 한편으로는 다른 이들의 감정을 거부할 수 없어 무력감을 느낄 것이고, 다른 한편으로는 냉정하면서도 타인을 조종하는 능력을 한껏 발휘하는 자신의 모습을 발견할 것이다.

이 두 모습은 서로 별개가 아니며, 주로 경계선을 지키려는 태도와 연관되어 있다. 경계선을 더 엄격하고 극단적으로 고수할수록 더 나르시시즘 쪽으로 치우칠 가능성이 높아진다. 반대로 자신의 경계선을 부정할수록 더 무력해지고 타인의 에너지에 압도되는 초민감자가 되는 것이다.

감정 노동과 내면의 안락한 공간

여성 초민감자들은 스스로 무력하다고 느끼도록 길들여지기도 하지만, 주변 사람을 위해 감정 노동을 하도록 강요받기도 한다. 감정 노동은 타인의 감정을 받아주고 해소해주는 일을 말한다. 정서적 능력이 발달한 여성들에게 흔히 주어지는 일이기도 하다. 이를테면 남편은 시댁 식구들의 모든 생일을 기억하지 못하는데, 아내는 당연히 기억해야 한다고 느낀다. 아이들이 울 때 남편은 침실로 달아나버리면서, 아내는 아이들을 달래주는 것이 당연하다고 느낀다. 또한 남편은 아내에게 모든 감정을 풀어내는데, 아내는 직장 동료들과 함께 먹을 음식을 준비해주거나 감정을 받아주는 것이 당연하다고 느낀다.

당신이 다른 이들을 위해 하고 있는 모든 감정 노동을 찬찬히 생각해보라. 초민감자인 당신은 다른 이들이 무엇을 필요로 하는지 너무 잘 보인다. 따라서 자연스럽게 그 요구를 충족시켜주게 된다. 그렇지 않은가? 다른 이들의 감정을 해소해주는 데 당신의 에너지를 얼마나 많이 소비하고 있는가? 점점 더 많은 감정 노동을 하면서 당신이 얼마나 많은 생기를 빼앗겼는지 알면 아마 놀랄 것이다.

모든 감정 노동이 나쁘다는 뜻은 아니다. 내가 주로 하는 일도 감정 해소를 돕는 일이고, 이 일은 멋진 일이다. 하지만 나는 이 일로 월급을 받고 있기도 하다. 나의 감정 노동은 인정받고 보상받고 있다. 개인적인 인간관계에서는 내 에너지 비축량을 너무 많이 소모하지 않는 한도 내에서 감정 노동을 허락하는 편이다.

당신은 가족, 배우자, 동료, 친구들을 위해 어떤 종류의 감정 노동을 하고 있는가? 그러면 얼마나 자주 이 노동을 하고 있는가? 이렇게 추가적으로 하는 감정 노동 중 수당을 받고 하는 일이 있는가? 당신이 하고 있는 감정 노동의 양을 파악해보고, 에너지 저장량에 얼마나 많은 영향을 미치고 있는지 한번 생각해보라. 그다음 그 결과에 따라 감정 노동을 조정해보자. 지나친 감정 노동에 '안 돼'라고 말하면 판도가 바뀌게 될 것이다. '안 돼'라는 말은 신성한 말이다. 그러므로 그 말을 사용해야 한다.

남성들이 감정을 해소하기 위해 여성에게 기대는 중요한 이유 중 하나는 여성이 어머니의 자궁과 같은 공간을 몸속에 가지고 있기 때문이다. 자궁은 말 그대로 생명을 만들어내고 거처를 제공한다. 그곳은 오로지 생명체를 키우기 위해 마련된 안전한 장소다. 당신이 어머니의 양육과 보살핌이 필요할 때 찾을 수 있는 공간이다. 자궁은 믿을 수 없을 만큼 안전하고 안락한 에너지를 많이 품고 있다. 남성들은 문화적으로 자기 감정을 회피하도록 길들여져 있기 때문에, 자연스럽게 자궁에 이끌리게 된다. 그들은 자기 감정이 보호되는 곳에 끌리고, 당신과 함께라면 감정이 가장 안전하다고 느낀다.

하지만 그렇다고 해서 남성 초민감자가 자신의 에너지에 의지해서 위안받을 수 있는 방법이 없다는 뜻은 아니다. 생물학적으로 자궁을 가지고 있다면 그 과정이 더 용이하겠지만, 여기서 말하는 자궁은 물리적인 공간보다는 에너지적인 공간이므로, 보살피는 에너지에 집중하는 것만으로도 똑같은 효과를 기대할 수 있다.

성 역할에 대한 개념이 점점 유연해짐에 따라 에너지 차원에서의 성 역할도 자연스레 바뀔 것이고, 남성과 여성의 구분을 명확히 하는 경계선은 없어질 것이다. 앞서 언급했듯이 자신을 보살피기 위해 생물학적인 자궁은 필요 없으며, 다른 사람들에게 감정 노동을 요구하는 이가 무조건 남성이어야 할 필요도 없다.

우리는 성별에 상관없이 모두를 위한 건강한 에너지 관리 습관을 만드는 과정에 있다. 하지만 기존의 성 역할이 아주 오랜 시간 고착화되어 성 역할에 대해 유연한 입장을 수용하기가 아직은 생소하다. 따라서 여성에게만 요구되는 감정 노동의 수위를 관찰하고 바꾸려면 많은 인식의 전환이 필요하다.

인간관계에도 피해자와 악당이 있다

우리는 인간관계로 말미암아 무력감에 빠지기 쉽다. 초민감자가 매일 겪는 모든 어려움들을 보면 인간관계는 우리가 기대하는 기쁨을 주기보다는 무거운 부담으로 작용할 때가 많다.

초민감자가 인간관계 속에서 심한 압박감을 느끼거나 두려움을 느끼면 대개 그들의 내면에 있는 그림자가 튀어나온다. 당신 안의 피해자나 악당은 두려움과 함께 잠자코 있기보다는 관계에서 주도권을 쥐려고 한다. 내면의 피해자는 모든 책임을 다른 사람에게 돌리고, 모든 일이 그들에게 불리하게 돌아갔다고 믿으며 주도권을 장악하고 싶어 할 것이다. 반면 내면의 악당은 자신이 피해자가 되지 않도록 보호하려고 복수할 길을 택할 것이고, 의도적으로 관계에서 우위를 점하려 할 것이다. 피해자는 힘을 포기하려고 하고, 악당은 모든 힘을 장악하려고 한다.

만일 당신의 부모가 당신에게 어떤 감정을 촉발시켰다면, 당신 안의 피해자가 끼어들어 부모의 잘못된 판단으로 인생이 다 망가졌다며 전부 부모에게 책임을 전가할 수도 있다. 만일 당신의 애인이 감정을 촉발시켰다면, 당신 안의 악당이 끼어들어 의도적으로 그들을 조종하려 들 수도 있다. 피해자와 악당

둘 다 당신이 트리거 때문에 극심한 고통을 겪지 않도록 노력한다.

제이드는 자신이 어둡고 강렬하고 극적인 인간관계에 끌린다는 사실을 발견했다. 그녀는 약탈자와 희생자가 등장하는 그런 관계를 즐겼다. 그 관계들은 모두 비할 데 없는 열정과 환희로 시작되었지만 배신과 공허로 끝이 났다. 그녀의 애인들은 결국에는 모두 평생의 적이 되고 말았다. 나는 그녀에게 내면의 악당을 의인화해보라고 했다.

그녀 안의 악당은 성관계를 일삼는 어두운 젊은 여자였다. 그녀는 남성을 아주 혐오했고 바다에서 아름다운 노래 소리로 선원들을 유혹해 배를 침몰시켰던 그리스 신화 속 인물 사이렌처럼 남성들을 아무런 죄책감 없이 이용하려 했다. 그녀가 내면의 악당과 자신의 연애 관계를 설명해주었을 때, 우리는 지금까지 그녀가 내면의 악당이 관계를 지배하도록 스스로 허용해왔음을 알게 되었다. 제이드는 연애 관계에서는 악당으로 변신했던 것이다. 그녀는 진심으로 사랑했고 또 사랑받기를 원했지만, 파괴하고 이용하려는 욕구가 그녀의 연애 관계를 통제하고 있었다.

악당이 주도권을 계속 쥐고 있도록 허락한다면 그녀가 건강한 관계를 경험할 수 있는 방법은 없었다. 악당이 궁극적으로는 그녀를 보호하려고 했다고 할지라도, 관계에 있어서는 악당을 뒷좌석에 앉혀두고 자기가 주도권을 되찾아야 한다.

앰버는 남편과 별거 중이었다. 그들은 서로에게 충실하지 못했지만 그녀는 남편의 불륜으로 느낀 배신감을 떨쳐버릴 수가 없었다. 그 사실은 끊임없이 그녀를 괴롭혔고 분노에 휩싸이게 했다. 그녀는 자기에게 일어난 모든 일에 너무 큰 상처를 입은 나머지 인생을 새롭게 시작하고 스스로에게 집중하기가 어려웠다.

앰버의 내면의 피해자는 그녀가 새로운 삶을 살지 못하게 무력감과 배신의 악순환을 반복하며 지배권을 휘두르고 있었다. 앰버는 내면의 피해자를 만나 대화하고 피해자로서 그녀의 경험을 인정했다. 그 후에야 비로소 관계에서 자신이 책임져야 할 부분을 인정하고, 자기만의 삶을 살아갈 수 있게 되었다.

내면의 피해자와 악당은 당신의 인간관계 속에서 어떤 모습으로 드러나는가? 이들이 어떤 상황에서 등장하는가? 어떤 트리거로 인해 감정이 촉발되었을 때 트리거를 인식하고 그 원인을 추적해나가는 것이 너무 고통스럽다면 보통 내면의 피해자나 악당이 끼어들어 당신의 관계를 조종하려 할 것이다.

관계 속 피해자와 악당이 어떤 상황에서 모습을 드러내는지 이해한다면, 어떻게 타인을 사랑하고 어떤 방향으로 자기를 성찰해야 할지 알 수 있다. 또한 트리거가 작동했을 때 내면의 피해자와 악당이 언제 끼어들어 방어하길 원하는지를 느낄 수 있다. 늘 부담감에 시달리는 초민감자에게는 책임을 인정하는 것이 가장 어려운 일 중 하나이지만, 책임을 인정한다는 것은 곧 권한을 주장할 수 있다는 뜻이다.

그가 당신의 영혼을 훔치려 할 때

잃어버린 영혼의 조각을 찾는 작업을 통해 에너지의 일부를 되돌리는 것은 내면의 아이를 찾을 때만 필요한 작업은 아니다. 우리는 인생의 어느 단계에서든 여러 가지 이유로 영혼 상실을 경험할 수 있다.

성인들은 주로 가까운 관계나 연인 관계에서 영혼 상실을 경험한다. 관계는 우리의 정서적인 삶에 놀라운 스승이자 촉매제가 되지만, 그 속에서 많은 트라우마를 경험하기도 한다. 연인에게 버림받거나 그들이 바람을 피웠을 때, 우리는 영혼 상실을 경험한다. 우리가 자발적으로 연인과의 관계를 포기하려고 할 때, 우리는 영혼 상실을 경험한다. 혼인 관계가 씁쓸하게 파국을 맞이할 때에도 영혼 상실을 경험한다. 어떤 경우에 사람들은 자기가 관계 속에서 훔치거나 얻은 에너지를 계속 가지고 있기를 바라고, 그것을 포기하고 싶지 않아 한다.

아마 당신도 과거에 영혼 상실을 경험했던 관계가 있을 것이다. 정확히 언제 어디서 상처를 입고 영혼 상실이 일어났는지도 알고 있을 것이다. 지금까지 이 책에서 제시했던 안전하고 효과적인 도구를 이용해 잃어버린 자신의 모습과 에너지를 찾는 여정을 떠나보자.

관계를 유지할 것인가, 끝낼 것인가?

자기 발견의 길을 가는 초민감자들은 삶에서 인간관계와 관련해 자주 선택의 기로에 선다. 초민감자로 살아가는 것이 무엇인지 깨닫기 시작하면 대개 파트너와 사이가 멀어진다. 인간관계는 때로는 우리에게 위대한 스승이 되어주지만, 이 스승들은 영원히 우리 곁에 있어주지 못한다.

배우자를 선택하는 일은 인생에서 정말 중요한 일이다. 그 사람과 일상적이고 물리적인 공간을 함께 공유할 뿐 아니라 에너지 차원의 공간을 공유하기 때문이다. 배우자는 당신이 경계선을 설정하는 방식과 감정을 표현하는 방식, 연약한 상태일 때 느끼는 불안감, 상위 자아와의 긴밀한 연결성 등에 영향을 미친다.

초민감자는 집중적인 자기 성찰 과정을 거치면서 경계선과 안전을 보장하고 연약함을 지켜주지 않는 관계는 떠나보내야 한다는 사실을 깨닫게 된다. 성장이나 변화의 가능성이 없이 20년 동안 지속한 결혼 생활이 되었든, 자기 탐험과 깨달음의 촉매제가 되어주었지만 결국 각자의 길을 가게 된 2년간의 열렬한 관계가 되었든, 관계에는 부침이 있기 마련이다. 때로는 자연스러운 시간의 흐름이 그들과 당신을 영원히 떼어놓을 수도 있다.

항상 여러 에너지로부터 부담감을 느끼는 초민감자는 보살피고 관리하는 역할을 맡는 관계에 이끌리는데, 여기서 관계를 안정적으로 유지하기 위한 감정 노동은 초민감자의 몫이 된다. 그래서 초민감자가 자신의 삶을 통제할 수 있는 힘을 얻고 독립성을 기르면, 그들의 파트너는 이전에 초민감자와 함께 하면서 가질 수 있었던 편안한 정서적 공간을 포기하기를 꺼릴 것이다. 자궁과 같은 안락한 공간을 포기한다는 것은 그들에게는 두려운 일이며, 그 두려움 때문에 그들은 당신의 성장을 반기지 않을지도 모른다. 더 이상 부담감을 느끼고 싶지 않은 초민감자들에게는 자신의 성장을 지지하지 않는 태도가 결별의

주요 원인으로 작용한다.

특히 부부 관계라면 결별하는 과정에서 크게 수치심을 느낄 수 있다. 사람들은 흔히 이혼에 '실패한 관계'라는 꼬리표를 붙이곤 한다. 하지만 나는 사랑으로 형성된 관계였다면 어떤 관계도 실패로 볼 수는 없다고 생각한다. 관계가 끝날 때는 둘 중 한 사람 또는 두 사람 모두 성장해 그 관계가 더 이상 두 사람을 담을 만한 크기의 그릇이 아니기에 끝나는 것이다.

그런 시각에서 바라보면 관계가 끝나는 것은 흥미로운 일이 다가온다는 전조이기 때문에 긍정적이다. 운이 좋다면 당신이 성장하고 발전하는 똑같은 속도로 성장하기를 원하고 또 그럴 수 있는 파트너를 만나거나, 혹은 최소한 관계를 깨뜨리지 않는 선에서 당신의 성장을 지원하는 파트너를 만날 수도 있다.

초민감자에게 언제 머물고 언제 떠날지를 결정하기란 쉬운 일이 아니다. 사랑하는 사람들과의 결별은 '상실'이다. 성장하려면 뭔가를 잃을 수밖에 없다. 연인 관계가 되었든, 어떤 장소이든 친구나 직장이든, 초민감자가 자신의 삶을 통제할 능력을 가지기 위해 성장하는 길에는 슬픔이 있다.

그러나 그 슬픔은 고통스러울지라도 자신과 자신의 사명을 진정으로 이해하는 지혜를 준다. 만약 당신이 떠나야 한다면 이 사실을 잊지 말라. 그 상실의 반대편에는 당신이 되고자 하는 또 다른 모습이 기다리고 있다. 당신에게 보여줄 멋진 것을 품은 채로 당신을 기다리고 있다.

민감한 나를 위한 오늘의 실천 리스트

관계에서 에너지 패턴을 분석해보면 서로를 위해 더 건강한 관계를 발전시키는 데 도움이 된다. 아래 훈련을 활용해 당신의 발목을 잡는 에너지 패턴을 알아보자.

에너지 패턴 목록

당신에게 가장 중요한 인간관계의 목록을 만들어보라. 하나의 인간관계부터 시작하되, 모든 중요한 관계에 다음 질문에 답을 적어보자. 패턴을 알아내기 위해 과거의 관계에 대해서도 똑같이 해볼 수 있다.

- 당신은 이 관계에서 상대의 감정적 요구를 받아주기 위해 자신을 바꾸는 카멜레온이 되는가? 그렇다면 어떤 방식으로 그렇게 하는가?

- 이 관계에 경계선이 거의 없음을 변명하기 위해 '무조건적 사랑'이라는 개념을 사용하는가? 그렇다면 어떤 상황에서 그렇게 하는가?

- 당신은 이 사람과 상호 의존적 관계에 있는가? 당신의 행복은 그들이 당신을 어떻게 생각하는가에 크게 좌우되는가?

- 상대가 당신을 정서적으로 학대하거나 어떤 방식으로든 가스라이팅을 하는가? 상대가 당신의 감정이 어떤 의미인지 판단해줄 수 있는 사람이라고 느끼는가?

- 상대가 당신의 공감 능력을 조종하려는 자아도취 성향을 보인 적이 있는가? 아니면 당신이 상대의 공감 능력을 조종하려 하는 자아도취 성향을 보인 적이 있는가?

- 이 관계가 당신을 성장시키는가? 이 관계가 당신이 인생에서 이뤄내는 변화를 지지하는가?

이 물음에 답하면서 당신은 가장 많이 경험하는 관계의 패턴이 당신의 핵심 상처와 직결되어 있음을 느낄 것이다. 우리는 미처 그 핵심 상처를 마주하기도 전에 자주 관계를 통해 핵심 상처를 재현한다. 하지만 관계 속에서 이 패턴을 인식하기 시작하면, 패턴을 멈추고 악순환의 고리를 끊기가 더 쉬워질 것이다.

당신의 관계 속에 숨어 있는 피해자와 악당

지금 당신의 삶에서 중요한 관계를 하나 고르라. 그리고 다이어리에 제일 최근에 있었던 싸움을 세 가지 적어보자. 두 사람 다 뭐라고 말했는지, 당신은 어떻게 느꼈는지 등 싸움이 일어난 상황을 설명해보라. 그다음 앞서 당신이 내면의 피해자와 악당을 묘사했던 것을 떠올려보라. 싸움에서 그 둘 중 하나의 모습이 보이는가? 당신 안의 피해자가 대화를 차단하며 상대를 탓하는 것이 보이는가? 당신 안의 악당이 상대를 조종하거나 잔인한 말을 하는 것이 보이는가? 이 싸움에서 어느 부분에서 당신 안의 피해자나 악당이 등장하는가?

각각의 싸움에 이러한 질문을 던지고 어떤 패턴을 보이는지 살펴보라. 당신 안의 피해자와 악당은 당신이 사랑하는 사람의 피해자와 악당만큼이나 예측 가능하다. 그들은 백발

백중 말다툼 중 어떤 트리거를 느꼈을 때 등장한다. 피해자와 악당의 행동 패턴을 확실히 알아내면 당신이 위협을 느끼거나 두려울 때 기본적으로 나타나는 흔한 에너지 패턴도 알게 된다. 우리가 행동 패턴을 인지하고 자세히 알아갈 때 더 쉽게 그 패턴을 바꿀 수 있다.

Chapter 8

초민감자는 트라우마를 어떻게 다뤄야 할까?
: 민감성을 능력으로 바꾸는 힘

스코틀랜드 애버딘의 해안선을 따라 걷고 있을 때였다. 나는 안개가 자욱한 수평선을 멍하니 응시하다가 파도가 발밑으로 밀려오면 발아래에서 조약돌을 찾았다. 나는 유리 조약돌을 찾고 있었다. 앞쪽을 대충 훑어보고 있던 그때 파도 속에서 언뜻언뜻 번득이는 청록색 물체가 눈에 들어왔다. 나는 그것이 잃어버린 보물 조각이라도 되는 양 바닷물에 깎여 부드러워진 유리 조각들을 주워 모았다. 그러고는 유리 조각을 하나하나 들여다보기 시작했다. 이 조각들이 원래는 무엇이었는지, 그리고 바다에 얼마나 오랫동안 있었는지 궁금해하며 조심스레 씻었다.

나는 유리 조약돌의 아름다움에 푹 빠졌다. 이 조약돌에는 물리적인 차원을 넘어선 그 이상의 의미가 있었다. 유리 조약돌은 부서진 존재의 회복 탄력성을 보여주는 가장 아름다운 예였다. 수백만 개의 작은 모래알에서 시작된 유리는 고열에 의해 응집력 있는 모양으로 형태를 갖추지만, 결국은 다시 부서져 그 형태를 잃는다. 부서진 유리는 이리저리 굴러다니며 계속되는 파도에 수년 동안 닳고 부드러워져 완전히 다른, 그래도 여전히 아름다운 무언가로 재탄생한다. 언제라도 그것은 또 부서지거나 완전히 다른 것으로 모양이 바뀔 수도 있다. 그러나 어떤 형태로 존재하든 자신의 이전 모습의 영광을 지워버리지 않으며, 부서졌을 때의 트라우마도 지워버리지 않는다. 현재 어떤 형태로 존재하든 그 유리 조약돌은 완전히 부서져 있으며 동시에 완벽하게 온전하다.

초민감자로서 가장 힘든 부분 중 하나는 삶에서 겪는 수많은 고통을 다 감수해야 한다는 점이다. 파편화된 인간적 삶, 과거 경험으로부터 온 트라우마, 그리고 감정을 느낄 때 끼어들어 방해하는 그 모든 것들이 고통이다. 이를 감수하는 가장 좋은 방법은 피하기보다는 적극적으로 수용하는 것이다. 그렇게 하려면 먼저 부서진 자신을 껴안고 트라우마와 대화하며, 난관을 극복할 수 있는 길을 찾아야 한다.

우리는 모두 완벽하지 않다

나는 망가져 있다.
이것이 영적으로 해서는 안 되는 말임을 안다.
하지만 사실인 걸 어쩌랴. 나는 망가져 있다.
당신도 망가져 있기는 마찬가지다.

영적 지도자의 '나는 완전하다'라는 확언을 얼마나 수도 없이 들었는지 모른다. 그들에게 나의 내면이 망가졌고 깨어졌다고 이야기했을 때, "아니에요, 당신은 망가지지 않았어요. 당신은 완전하고 그 모습 그대로 완벽해요"라는 말을 얼마나 많이 들었는지 모른다.

자신이 있는 모습 그대로 완전하고 완벽하다고 생각하는 것은 좋은 일이다. 하지만 이 확언이 긍정적 사고로 이끌려고 하는 좋은 목적과 의도에서 나왔다 하더라도 이는 또 하나의 왜곡된 뉴에이지적 사고다.

고통에 빠져 허우적대는 사람에게 있는 모습 그대로 완전하고 완벽하다고 이야기한다면 어떻게 될까? 성폭행 피해자에게 "당신은 완전하며, 성폭행이 당신을 무너뜨리지 못해요. 오히려 그런 아픔 때문에 당신은 완벽해진 거예요"라고 말한다고 상상해보자. 자식을 잃고 슬픔에 빠져 있는 엄마에게 "당신의 마음은 깨지지 않았으며, 슬픔이 당신을 완전하고 완벽하게 만들어줄 거예요"라고 한다면 어떨까? 누군가에게 '당신은 완전하고 완벽하다'고 이야기한다면 그들의 개인적 고통을 알든 모르든 무의식적으로 '당신은 고통과 트라우마를 겪어야 마땅하다'고 말하는 것이나 마찬가지다. 이는 세상의 끔찍한 부당함이 그들의 완벽한 현실의 일부라고 이야기하는 것이며, 그들의 인생 경험을 부정하는 것이나 다름없다.

어느 날 밤 나는 다섯 살 된 구조견 니무와 함께 침대에 앉아 있었다. 나는 니무를 거의 한 살이 되었을 때 입양했는데, 니무는 그때 어느 차고에 갇혀 굶주리며 학대를 받고 있었다. 한번은 방에 파리가 날아다녀서 나는 일어서서 종이 타월 뭉치를 들고 파리를 잡으려 했다. 내가 머리 위로 팔을 들어 올리자, 니무는 갑자기 귀를 내리고 침대에서 뛰어내려가 몸을 웅크렸다. 내가 옆에서 팔을 들어 올림으로써 뜻하지 않게 니무의 학대 기억을 촉발시킨 것이었다. 나는 재빨리 팔을 내리고 니무를 침대 위로 불러 앉혀 안아주면서 키스하고 귀에다 대고 이렇게 속삭였다. "사랑해." 나는 니무의 머리를 쓰다듬으며 달콤하게 말했다. "나는 절대로 너를 해치지 않아."

니무를 입양한 이후 4년 동안 니무는 학대받은 적이 없었고 넘치는 사랑과 포옹과 대접을 받으며 함께했지만, 태어나서 첫해에 겪었던 고통이 아직도 영향을 미치고 있었다. 아무리 많은 사랑을 받아도 그 기억이 평생 따라다닐지도 모른다는 생각을 하니 너무 가슴이 아팠다. 니무를 품에 안고서 눈물을 흘리던 그 순간, 나는 니무가 나와 똑같은 방식으로 상처받았다는 사실을 깨달았다. 많은 사람들이 이렇게 상처를 입고, 앞으로도 계속 그럴 것이다.

끔찍한 일들이 일어나는 세상에 살면서 우리는 어쩔 수 없이 상처를 입는다. 영혼이 산산이 부서지는 고통과 상실의 경험이 있는 세상에 살면서 우리는 어쩔 수 없이 상처를 입는다. 믿었던 사람들이 상처 주고 학대하는 세상에 살면서 우리는 어쩔 수 없이 상처를 입는다. 상처받지 않은 척은 이제 그만하자. 우리가 바닷가에서 유리 조각을 주워놓고 "보세요! 여기 한 번도 깨진 적이 없는 완전한 병을 발견했어요"라고 말하지 않듯이 한 사람의 고통스러운 경험을 접하고 그것을 완전함이라고 주장할 수는 없다.

그렇다고 우리가 완전할 수 없다는 말은 아니다. 하지만 이 세상을 살아가는 인간으로서 우리는 상처받지 않고서는 완전해질 수 없다. 초민감자가 자기 힘을 탐색하고 인정하는 과정에서

'완전함'의 정의는 '완벽하고 좋은 무언가'에서 '그저 완성된 무언가'로 바뀌어야 할 것이다. 진정한 완전함에는 긍정적이고 고무적인 경험에서부터 불쾌하고 가슴 아픈 경험까지 우리 모든 경험이 포함된다. 그리고 그 경험에 고통이 섞여 있다면(당신이 인간이 맞다면 당연히 그럴 것이다), 완전해지기 위해서 자신의 상처도 수용해야만 한다.

트라우마란 무엇인가?

완전함으로 나아가는 여정에서 우리는 자신이 겪고 있는 트라우마가 무엇인지 파악해야 한다. 에너지 차원에서 트라우마는 심리적 외상 또는 에너지에 큰 상처를 입은 경험을 말한다. 트라우마를 경험할 때 신경 체계와 부신은 투쟁, 도피, 혹은 경직 모드로 활성화된다. 그리고 그때 발생하는 아드레날린과 두려움은 몸속 세포로 흡수되어 몸과 기운 내부에 에너지 서명을 만들어낸다. 에너지 차원에서 트라우마를 다룰 때 에너지는 몸과 떼어놓고 생각할 수 없다는 사실을 기억하자. 의식적으로 트라우마를 잊고 있을 때조차도 당신의 몸은 그것을 기억하고 있다.

초민감자와 트라우마의 관계

•

초민감자에게는 정신적 충격을 주는 경험이 극대화될 수 있다. 초민감자는 고통을 훨씬 더 강렬하게 느끼기 때문에 트라우마가 놀라울 만큼 직관적인 경험이 되기도 한다. 대수롭지 않아 보이는 작은 상처도 생각보다 훨씬 큰 트라우마를 낳는다. 당신의 핵심 상처가 이를 잘 보여주는 예다. 만약 핵심 상처가 상대적으로 그다지 심각한 사건이 아니라고 해도(내 핵심 상처가 죽은 새와 관련된 사건이었던 것처럼), 초민감자에게는 그것이 감당하기 어려운 엄청난 일로 느껴질 수 있다. 이 핵심 상처는 시간이 지나면서 우리가 느끼는 고통의 기반을 형성한다. 이렇게 트라우마를 초래하는 사건들은 초민감자에게는 너무 고통스럽고 위험해서 자아가 스스로를 보호하고 살아남으려고 영혼 상실을 일으킨다. 이때 분열된 영혼을 다시 통합시키는 과정이 필요하다.

초민감자는 자기가 가진 트라우마를 흡수할 뿐만 아니라 타인의 트라우마까지 흡수해버리는 경우가 많다. 초민감자는 '트라우마 수집가'다. 많은 초민감자들은 고통과 학대로 얼룩진 과거를 가지고 있으며 다른 이들의 이야기에서도 트라우마를 수집한다. 트라우마는 때로는 너무 자연스러워서 우리 몸과 마음의 틈새에 편하게 자리 잡고 있는 것처럼 보인다. 트라우마는 우리의 할머니, 그리고 할머니의 할머니로부터 대대로 내려온다. 열린 마음과 동정심이라는 능력을 타고났다는 이유로, 관계에서 경계선이 선명하지 않거나 없다는 이유로 우리는 다른 이들이 자기의 에너지를 쏟아붓기에 가장 좋은 장소가 된다.

어떻게 선대에서 겪은 트라우마가 대물림되어, 어린 가족 구성원들에게 전달되고 똑같이 삶에 영향을 미치는지 보여주는 과학적인 연구도 있다. 이 현상은 우리가 왜 앞서 살았던 가족들과 똑같은 문제를 자주 물려받게 되는지를 설명해준다. 문제의 형태는 각자 다르게 나타날지 모르지만, 문제의 근원과 맥락은 동일하다.

딸이 엄마가 견뎌냈던 학대 관계를 똑같이 되풀이하며 고통받는 것도 이 때문이다. 혹은 아들이 아빠가 겪었던 극심한 유기 공포를 똑같이 느끼는 것도 이러한 이유다. 감정을 파악하고 잘 다루기 위한 그림자 작업을 통해 감정의 근원을 찾아 거슬러 올라가면 우리는 그 실마리를 정서적 DNA에서 찾아낼 수 있다. 이러한 과정 속에서 부모님과 동일한 행동 패턴을 보이는 자기 모습을 발견한다.

자기 트라우마뿐만 아니라 타인의 트라우마에도 영향을 받는 초민감자는 나중에는 자기와 타인의 트라우마를 지니고 살아가는 법을 터득해서 여기에 적응해버린다. 그리고 트라우마를 없애주는 역할이라기보다는 다른 사람의 트라우마를 관리하는 시스템 같은 역할을 감당한다. 보통 이런 삶의 방식을 어린 시절부터 배우기 때문에, 성인이 되었을 때 우리의 잠재의식 속에는 이미 과부하가 걸려 있다. 따라서 작은 트리거라도 정신적으로 도미노 효과를 불러온다. 자기도 모르게 스스로를 한계점으로 몰고 가는 지경이 되어서야 비로소 자신이 얼마나 많은 트라우마를 지니고 있는지를 깨닫게 된다.

트라우마를 마주할 시간

•

트라우마를 끌어안고 살아남으려고 그것을 억압하고 있다면, 초민감자로서 해야 할 가장 중요한 일은 트라우마를 알아내고 파악하는 것이다. 당신은 지금까지 당신이 이 모든 일들을 감당할 정도로 강하다는 것을 세상에 보여주려고 용감한 모습을 유지했을 지도 모른다.

하지만 누구도 항상 강하기만 할 수는 없다. 어떤 사람이라도 언제나 모든 일을 척척 해치울 수는 없다. 과거의 트라우마나 스트레스를 계속 억누르고, 그것을 잊고 바쁘게 살다 보면 모든 일이 괜찮아질 거라고 스스로 주지시킬 때, 트라우마는 당신의 변연계에 천천히 저장되어 쌓인다. 강인한 마음과 태도를 강요하면 오히려 더 트라우마에 시달리거나 스트레스를 많이 받을 수 있다. 당신은 이렇게 말할 것이다.

"그래, 나는 강인해. 이 일을 잘 해낼 수 있어. 괜찮아."

하지만 그건 괜찮은 게 아니다. 괜찮다고 하면서 자신의 한계를 넘는 선까지 스스로를 밀어붙이는 것은 괜찮지 않다. 나중에 여유가 생겼을 때 작은 트라우마들을 없앨 수 있을 거라며 트라우마를 억압하는 행동은 괜찮지 않다. 트라우마는 그런 식으로는 해결되지 않는다. 당신이 트라우마를 존중하지 않는다면 그것이 당신을 통째로 집어삼킬지도 모른다.

트라우마 치유를 위해서 무엇이 필요한지 귀를 기울이지 않으면, 위험한 행동과 사고 패턴의 악순환으로 자신을 몰고 갈 가능성이 크다. 이는 의도치 않게 자신에게 다시 트라우마를 안겨주는 셈이다. 우리가 멈춰 서서 트라우마에 귀를 기울이고 치유하려 하지 않는 한, 고집스러우며 강한 완고함은 결국 우리에게 상처를 주게 될 것이다.

그나마 좋은 소식은 당신의 트라우마는 항상 당신과 대화하고 싶어 하며, 무엇이 필요한지 말하기를 원한다는 점이다. 트라우마는 당신이 용감하게 나서도 될 때 당신에게 그렇게 말해 줄 것이다. 트라우마는 자중하고 아픈 곳을 보듬어야 할 시기에도 그렇게 말해줄 것이다.

사실 누구나 트라우마를 직면하고 다루는 일에서 자유롭지 못하다. 우리는 모두 평생 자신의 경험과 타인의 경험을 통해 쌓인 트라우마를 가지고 있다. 트라우마가 있다고 해서 고칠 수 없을 정도로 망가졌거나 어떤 부분이 비정상인 것은 아니다. 트라우마는 가능한 한 큰 연민과 관심을 가지고 마주해야 하는 아주 정상적인 삶의 일부다.

자신의 트라우마를 마주하는 것은 가족 내에서 대물림되는 트라우마에도 영향을 미친다. 당신이 정서적 변화를 가져오는 치유 작업을 할 때, 아래위 세대와 가족 전체가 좋은 영향을 받게 된다. 자신을 치유하고 트라우마와 카르마를 보살피는 것은 어머니와 할머니의 카르마 등 가족 전체의 카르마 해소를 도와준다. 치유의 여정에 오를 때 가족 구성원들도 함께 동참해서 가족에 더 큰 파급 효과를 불러일으키기도 한다. 반면 어떤 경우에는 가족들이 당신의 치유에 관여하고 싶어 하지 않는데, 그것 역시 괜찮다. 가족들이 설사 당신과 가깝게 지내지 않는다 해도 당신이 치유되면 어떤 면에서든 그들도 혜택을 입게 된다. 가족 관계에 갈등이 있을 때, 그 갈등 상황이 평생 나아질 것 같지 않다고 해도 한 가지 사실은 분명하다. 당신은 이 치유의 여정을 통해 후대를 위한 새로운 사고의 패턴을 만들어내고 있다. 당신은 트라우마가 반복 재생되는 순환의 고리를 끊고 있는 것이다.

트라우마를 해소할 정서적 그릇을 마련하라

당신은 트라우마를 파악하기 위해 이미 많은 일을 했다. 핵심 상처와 트리거가 무엇인지 살펴보았으니 트라우마를 파악하는 작업도 한 것이나 마찬가지다. 이 작업을 하던 도중에 어떤 부분이 다른 작업보다 더 감당하기 어려웠는가? 다른 작업을 할 때보다 더 고통스럽게 느껴진 훈련이 있었는가? 이제 소화하기 힘든 트라우마를 처리하기 위해 더 많은 공간을 마련해야 할 때다. 이 장의 실천 리스트에서 이를 파악하고 다시 생각하는 기회를 가져보자.

감정을 깊게 파헤치다 보면 오래된 수많은 트라우마가 수면 위로 떠오른다. 이러한 트라우마를 드러내려면 안전한 장소가 필요하다. 안전한 장소란 어떠한 판단도 받지 않고 당신의 경험을 자연스럽게 펼칠 수 있는 정서적 그릇이다. 트라우마를 드러낼 수 있는 안전한 장소를 만들려면 가장 먼저 실제로 물리적인 환경을 조성해야 한다. 보호받고 있다고 느껴지는 편안한 곳으로 가보자. 당신이 하고 있는 일을 이해하지 못하는 사람들과는 잠시 거리를 두자. 트라우마가 발생할 때 자기를 보호할 수 있는 물리적 환경에는 당연히 '감정을 느껴도 괜찮은 곳'이라는 전제 조건이 따라온다.

그다음에는 안전한 장소에서 트라우마를 발산하는 정도를 제한해야 한다. 비록 트리거와 트라우마를 경험하기 위해 만들어놓은 장소이긴 하지만, 감당할 수 있는 이상으로 트라우마와 트리거를 경험할 필요는 없다. 자신의 한계선을 아는 것이 중요하다. 감정 치유 작업은 스스로를 있는 그대로 드러내는 힘든 작업이다. 따라서 당신이 드러내는 모습은 평상시보다 훨씬 더 원초적이고 연약할 것이다. 트라우마를 항상 당당하게 정면으로 마주해야 한다고 생각하지는 마라. 당신은 아름다고 민감한 존재이며, 용기 있게 트라우마를 마주하기 위해서는 시간이 필요할 때도 있다. 트라우마를 일깨운 트리거를 감당하기가 너무 힘들 때 정면으로 맞서려고 하면 사실상 트라우마를 덧나게 할 수 있다.

만일 당신이 육체적 폭행으로 생긴 트라우마를 극복하려 한다면 폭력적인 영화와 TV 프로그램 시청은 삼가라. 불안에 관한 트라우마를 극복하기 위해 노력하고 있다면 불안을 일으킬 만한 군중이나 상황은 피하라. 성폭행의 트라우마를 극복하기 위해 노력하고 있다면 결박, 구속, 사디즘, 마조히즘과 관련된 대중서들을 멀리하고, 당분간 소셜 미디어를 보지 말라. 트라우마를 극복해나가는 과정에서 굳이 그와 비슷한 트라우마에 다시 노출될 필요는 없다.

트라우마를 일깨우는 트리거를 피하는 것은 부끄러운 일이 아니다. 당신은 자신을 보살펴야 한다. 즉, 당신의 약한 부분을 최대한 민감하게 보호해야 한다는 뜻이다. 트리거를 발생시킬 것이 예상되는 상황은 피해도 된다. 잠재적으로 다시 충격을 줄 수 있는 장소, 사람, 활동은 피해도 된다. 자신을 스트레스와 트라우마를 일으키는 상황으로 몰아넣는 행위는 강한 것이 아니라 자신을 존중하지 않는 것이다. 자기가 무엇을 감당할 수 있는지 스스로에게 혹은 다른 사람에게 굳이 증명해보일 필요는 없다. 당신이 강한 존재임을 증명하거나, 트라우마를 '극복'하고 있음을 보여줄 필요는 없다.

트라우마는 단순히 극복해야 할 대상이 아님을 기억해야 한다. 트라우마를 사랑하고 이해하면서 트라우마와의 관계를 발전시켜 갈 때 트라우마는 점점 삶에서 영향력을 잃어갈 것이다. 당신의 안전한 공간은 트라우마를 극복하거나 강해져야 한다는 기대에서 자유로워야 한다. 안전한 공간에서는 감정이 얼마나 강하게 드러나든 상관없이 그 감정 속에 존재할 수 있어야 한다.

다음 단계는 트라우마에 관한 집중적인 작업을 하는 것이다. 그 공간에 있는 동안 기록을 해보거나 감정 의인화하기, 트리거 추적하기, 마음껏 하소연하는 시간 가지기와 같은 훈련을 한다면 트라우마를 극복하는 데 도움이 된다. 감정을 억누르지 않고 슬퍼하는 시간을 보내는 것은 중요한 과정이다. 트라우마는 우리가 그 깊이를 알 수 없을 만큼 억제되는 경우가 많기 때문이다.

당신의 트라우마가 원하는 일이 무엇인가? 사흘 내내 소리 지르고 우는 것일지도 모른다. 아니면 당신의 경험에 관한 책을 쓰는 것일지도 모른다. 그 비통함을 오롯이 느끼고 안전하게 표현할 수 있는 일이라면 무엇이든 해야 한다. 당신은 이러한 내면의 비통함을 표출하면서 트라우마를 마주하고 변화할 것이며, 한때는 당신의 모습이었지만 지금은 찾아볼 수 없는 이전의 자신을 애도할 것이다. 이 장의 실천 리스트에서 비통함을 해소하는 훈련을 해볼 것이다.

안전한 장소를 마련했다 하더라도 별도의 도움이 필요할 수도 있다. 인간은 누구나 항상 강인하고 능력이 있지는 않다. 특히 자신의 트라우마를 상대할 때는 더욱 그렇다. 간혹 슬픔이 너무 강렬하게 다가오고 감정이 현실적으로 느껴져 스스로 감당하지 못할 수도 있다. 따라서 혼자 감당할 수 있는 한계가 어디까지인지를 알아둬야 한다.

트라우마가 너무 크다면 부끄러워하지 말고 도움을 구하라. 며칠 동안 엄마와 같이 지내거나 치료사의 도움을 받거나 의료진에게 도움을 구하는 등 어떤 것이든 모두 괜찮다. 트라우마와 슬픔을 느끼는 것은 힘들고 복잡한 과정이며, 그럴 때 우리는 자연스럽게 불안정한 상태에 놓인다. 복잡하거나 장기간 지속된 트라우마, 혹은 트라우마를 불러일으키는 여러 사건을 경험한 적이 있다면 혼자 극복하기가 어렵기 때문에 더욱 별도의 도움이 필요하다. 당신을 챙겨주는 친구에게 전화하거나 훌륭한 능력을 지닌 치유사나 심리 전문가를 찾아 함께하는 등 가능한 모든 지원을 구하라.

이런 정서적 치료 과정을 겪을 때는 자신을 고치 안의 애벌레처럼 대하는 것이 좋다. 당신은 그 안에서 살아 숨 쉬는 애벌레이며, 아직은 연약한 자신을 보호해줄 보호막인 고치가 필요하다. '도움을 주는 사람들'과 당신이 마련한 '안전한 공간'이라는 보호막은 당신이 본래의 모습을 되찾아 아주 멋진 나비로 날아오르게 해줄 것이다.

억눌렸던 감정을 놓아줄 때 치유가 일어난다

과거의 고통을 한꺼번에 너무 많이 끌어올리면 변연계가 마비될 수 있다. 너무 오랜 기간 동안 많은 고통을 억압해왔다면 억압을 풀 때, 인정받고 해소되길 원했던 고통이 맹렬히 올라올 것이다. 이러한 정서적 작업은 실제로 에너지를 치유하며, 당신에게 더 이상 필요하지 않은 오래된 고통들을 밀어내준다. 당신은 고통이 밀려나가는 것을 느껴야 한다. 이때 당신의 고통을 움켜잡고 있었던 원초적 감정이 해소된다. 이제 이 원초적 감정에서 강렬함과 순수함을 느낄 것이다. 분노를 많이 분출할수록 분출되는 분노가 새롭게 느껴질 것이다. 초민감자는 감정을 극대화해 인식하는데, 그중에서도 분노는 훨씬 더 강하고 날카롭게 느껴지기 때문이다.

분노가 올라온다면 완전히 밑바닥까지 느껴보라. 고통을 분출하는 일은 불편하지만 해야만 하는 일이다. 당신이 그 감정들을 통제할 수 없다고 느낀다고 해서 엇나가고 있는 것은 아니다. 당신은 미쳐가고 있는 것도 아니며, 발전 가능성을 잃어버린 것도 아니다. 당신은 정확히 제대로 된 궤도로 가고 있고 옳은 일을 하고 있다. 이 모든 감정이 지나가도록 놔둬야 한다. 감정을 많이 분출하면 이 과정은 더 시간이 많이 걸릴 수 있다. 당신은 비탄에 빠져 옴짝달싹 못하고 있다고 느낄 수도 있겠지만 이런 상태는 영원히 지속되지 않는다.

우리는 치유를 위해서 이러한 망가진 상태를 거쳐야 한다. 치유는 전문가들이 말하는 것과는 대조적으로 그다지 아름답지 못한 과정이다. 치유는 잔인하고 정직하며, 원초적이고 파괴적이다. 그 파괴 속에는 아름다움이 존재한다. 하지만 쉽지도 편안하지도 않다. 감정에 압도되는 느낌을 받더라도 이것이 지나가는 과정임을 알아야 한다.

이 감정의 폭풍은 지나갈 것이며, 폭풍을 뚫고 지나갔을 때 당신은 평온해진 자신의 모습에 놀라게 될 것이다.

상처는 빛이 들어오는 곳이다: 트라우마 통합하기

온갖 문제를 일으키는 '잠재된 트라우마'가 없는 삶은 상상할 수 없다. 트라우마를 통합하려면 관심을 가지고 많은 치유 작업을 해야 하고, 상처받기 쉬운 조건에 다시 노출되어야 하기 때문에 결코 쉽지 않다. 트라우마와 관련된 감정 치유 작업(트라우마 파악하기, 트라우마의 에너지 느끼기, 신성한 방식으로 트라우마 표출하기 등)을 하고 난 뒤에는 통합의 시간이 필요하다.

에너지 통합이 이루어지려면 몇 가지 조건이 충족되어야 한다. 충분한 수분 섭취, 휴식, 심리적 허용이 필요하다. 울고 싶은 기분이 들 때 울어야 하며, 웃고 싶은 기분이 들 때 웃어야 한다. 그리고 가능한 한 많이 자야 한다. 통합 작업을 하는 동안에는 스스로를 안정시키기 위해 에너지를 집중하기 때문에, 집중적인 감정 작업을 하고 난 뒤에는 보통 때보다 배고픔을 느낄 수 있다. 때로는 예기치 않게 아주 상반된 감정들이 튀어나올 수 있기에 자기 자신을 부드럽게 대하는 태도 또한 필요하다. 감정들이 당신을 관통해 흘러가게 하면 통합이 더 용이하게 이루어지고, 통합을 위한 다음 단계로 자연스럽게 넘어가게 된다. 수분을 많이 섭취하고 잠을 많이 잘수록 그렇게 될 가능성은 높아진다. 초민감자인 당신은 특히 타인의 에너지에 민감하기 때문에 통합 과정에서 다른 이들의 수많은 에너지로 혼란스럽지 않도록 혼자만의 시간을 충분히 가져야 한다.

트라우마를 통합하는 것은 우리에게서 트라우마를 제거한다는 의미가 아니다. 트라우마를 물리쳤거나 격파했거나 다시는 트라우마를 상대할 일이 없을 것이라는 의미도 아니다. 트라우마 통합은 더 이상 트라우마가 우리의 삶을 지배하지 못한다는 뜻이다. 이는 트라우마를 통해 우리 자신과 우리가 세상을 바라보는 방식을 더 잘 이해하도록 만드는 과정이다. 트라우마 통합은 트라우마에게 주도권을 내주지 않고도 신성한 방식으로 우리의 이야기를 할 수 있게 해주며, 실제로 이 세상을 살아가는 데 큰 힘을 준다.

일본에는 긴쓰기라는 예술이 있다. 긴쓰기는 깨진 도자기를 금가루로 된 특수 광택제를 이용해 보수하는 것을 말한다. 보수 과정을 거친 도자기에는 금색으로 반짝이는 이음매가 있는데, 이는 한때 깨졌던 부분을 강조하는 것이다. 긴쓰기는 '금을 사용하는 소목일'이라는 뜻이며, 긴쓰기의 또 다른 이름인 긴쓰구로이는 '금으로 하는 보수 작업'을 의미한다. 일본인들은 깨진 적이 있는 물건이 더 흥미로우며 깨진 흔적이 그것의 아름다운 역사를 보여준다고 믿는다. 깨진 물건을 금가루로 보수하는 행위는 깨진 흔적을 감추거나 위장할 필요가 없고, 그 물건이 가진 독특한 역사를 존중하고 감사한다는 표시다. 깨진 적이 있는 물건들이 훨씬 더 아름답고 독특하다는 데 대부분 동의할 것이다.

긴쓰기는 트라우마를 통합하는 방법을 물리적으로 보여주는 놀라운 예다. 우리 모두가 긴쓰기 예술에서 도자기를 대하듯 트라우마와 상처를 대할 수 있다면 이 세상이 얼마나 더 좋아질지 상상해보라. 만약 우리가 트라우마가 상처를 남긴 부분을 숨길 필요가 없다면 어떨까? 우리가 상처 입은 자기 모습에서 아름다움을 보며, 상처 난 부분을 찾아 금가루로 보수할 수 있다면, 우리는 우리 삶의 이야기와 역사를 통해 스스로 삶을 긍정하고 치유할 수 있을 것이다. 우리가 자신의 깨진 역사를 오히려 부각시켜 삶을 더욱더 아름답게 만든다면 어떨까?

가장 멋진 대의는 상처와 트라우마의 고통에서 탄생한다. 사랑하는 사람들을 질병과 고통으로 잃은 사람들이 사회의 대의를 이루는 기반이 된다. 부당함으로 고통받은 적이 있는 사람들이 대의를 위해 사회 운동을 시작하고, 더 이상 내면의 고통을 감내할 수 없는 사람들이 글을 쓰고 노래를 부른다. 이란의 신비주의 시인 루미는 이렇게 말했다.

"상처는 빛이 들어오는 곳이다."

트라우마를 통합하는 작업은 빛이 내면에 들어오게 하는 것과 같다. 당신의 모든 깨진 조각들을 사랑하는 훈련이자, 이 조각들을 사랑, 지지, 공동체로 결합시키는 연습이다.

민감한 나를 위한 오늘의 실천 리스트

트라우마를 이해하면 더 완전하고 자유롭게 당신의 삶을 누릴 수 있다. 다음의 훈련들은 당신이 고통에서 해방될 수 있도록 도와줄 것이다.

고통에 이름 붙이기

지금까지 해온 모든 훈련들을 돌아보라. 핵심 상처 찾기, 피해자와 악당 이해하기, 에너지 서명 만들기, 트리거 파악하기 등 여러 훈련을 했다. 당신에게 어떤 것이 가장 어려웠는지 기억을 더듬어보라. 다른 훈련보다 훨씬 더 어렵게 느껴진 훈련이 있었는가? 어떤 부분이 가장 진행하기가 어려웠는지 적어보자.

각각의 훈련은 삶의 경험과 연결되어 있다. 그 훈련을 그토록 어렵게 만들었던 경험이 무엇인지 더듬어보라. 어떤 고통스러운 경험 때문이었는지 이름을 붙이고 목록을 만들어보자. 그곳이 당신의 트라우마가 존재하는 지점이다.

자신을 애도하라

트라우마는 우리를 변화시킨다. 우리가 트라우마를 원했던

게 아니기 때문에 그 변화를 받아들이기란 아주 힘들다. 당신은 트라우마로 인해 변했는데 더 이상 당신과는 맞지 않는, 혹은 더 이상 당신이 할 수 없는 이전의 생각들을 고수하려고 할지도 모른다. 변화한 당신이 더 이상 당신과 맞지 않는 생각에 매달릴 때 마치 스스로가 자신의 몸속에 살고 있는 유령처럼 느껴질 수도 있다. 그러나 우리는 자신이 원하는 이상적인 사람이 될 수 없음을 인정하고 달라진 자기 모습을 인정해야 한다. 이전의 자신을 애도하며 변화를 받아들일 때 현재 모습으로 살아가는 것이 수월해진다. 그렇게 되기를 원했지만 될 수 없었던 이상적인 나 그리고 현재의 나와는 맞지 않는 과거의 나는 당신이 현재를 살아갈 수 있도록 죽음을 맞이해야 한다.

다이어리에 실현할 수 없는 당신의 일면이 더 이상 존재하지 않음을 알리는 부고를 작성하라. 그렇게 되고 싶었으나 될 수 없었던 자신의 존재를 애도하도록 스스로 공간을 마련해주자.

초민감자로서 변화의 여정을 시작한 당신에게

이 책을 여기까지 다 읽었다면 당신은 스스로를 아주 자랑스럽게 여겨도 된다. 아주 소수의 사람들만이 인생을 살면서 시도하는 일을 해낸 것이다. 당신은 스스로를 마주했고, 그렇게 함으로써 내면의 힘을 되찾았다.

우리는 지금까지 초민감자로 살아간다는 것이 어떤 의미인지 살펴보았다. 그리고 '타인'에게 어떤 사람이 되어주는가에 초점을 맞추던 삶의 시각을 완전히 바꾸어 당신 '자신'에게 어떤 사람이 되어주는가에 초점을 맞추었다. 열린 눈과 마음으로 당신의 상처와 그림자, 내면의 아이에게도 다가섰다. 에너지 서명 체계를 구축하고 감정이 어떤 메시지를 당신에게 전달하려고 하는지 알게 되었다. 당신의 에너지와 타인의 에너지를 구분하는 법도 배웠고, 그 지식을 활용해 당신의 것이 아닌 에너지를 차단했다. 당신의 경계선은 항상 제자리에 완벽히 자리하고 있다는 사실도 깨달았으며, 그 경계선을 찾기 위해 직관을 사용해 대화하는 법도 배웠다. 또한 인간관계에서의 에너지 패턴과 그 에너지 패턴이 당신의 핵심 상처와 어떻게 연결되어 있는지도 보았다.

그리고 무엇보다도 당신의 어두운 부분인 그림자를 다루는 법을 배웠다. 자기 훈련과 성장을 통해 당신을 괴롭혔던 그 모든 강렬한 감정적 기복의 명확한 근원이 무엇인지, 어떻게 하면 안정을 되찾을 수 있는지 알아보았다. 이러한 깨달음은 이제 계속해서 당신을 성장시켜줄 것이다. 그리고 이전과는 다르게 감정과 인간관계를 더 안정적이고 품위 있게 다룰 수 있을 것이다.

자신을 이렇게 잘 알게 되면 당신의 능력에 확고한 안정감이 생기며, 다른 이들이 그 안정감을 망치지 못하도록 막을 수 있다. 자신을 잘 안다는 것은 아무도 당신의 힘을 빼앗지 못한다는 뜻이기도 하다.

나는 당신이 밖으로 나가 새로운 방식으로 세상에 모습을 드러내기를 바란다. 당신은 아무도 가지지 못한 고유한 재능을 가지고 있으며, 그 능력은 세상을 변화시킬 수 있다. 내가 당신에게 바라는 것은 두 번 다시 스스로의 길을 막아서지 말고, 당신이 이 세상에 태어난 사명을 실행하라는 것이다. 당신이 치유자이든, 교사나 활동가이든, 누군가의 부모나 친구이든 상관없다. 당신은 이제 믿을 수 없을 만큼 큰 힘과 능력을 가진 사람이 될 수 있다. 자신의 어둠을 통합하며 내면에서 힘을 되찾고 이를 소유하는 것은 당신과 주변 모든 이들의 삶을 변화시킬 것이다.

평생 이 치유 작업과 활동들을 언제든 반복할 수 있다는 사실을 염두에 두라. 에너지는 당신이 성장하면서 이동하고 변화한다. 따라서 치유 작업 또한 그에 따라 이동하고 변해야 한다.

우리는 자신을 더 이상 초민감자가 아니도록 바꿀 수는 없다. 초민감자로서의 성향을 거부하려 하기보다는 그 성향을 잘 다루고 공존할 때 삶이 어떻게 변화하는지 살펴보라.

한때 다른 이들의 에너지에 압도되어 크게 부담감을 느꼈지만, 이제는 스스로 에너지를 선별해 자신을 위한 공간을 마련할 수 있을 것이다. 한때 복잡한 인간관계로 고통받았지만, 이제는 에너지 패턴을 파악하고 관계를 변화시키거나 아예 끊어버릴 수 있을 것이다.

당신은 당신의 삶을 바꿀 수 있다.

나는 당신이 초민감자로서 그렇게 하는 모습을 빨리 보고 싶다.

조금 무심해도 괜찮아
세상에 쉽게 상처받는 초민감자를 위한 심리 처방

초판 1쇄 발행 2021년 5월 13일

지은이 오라 노스
옮긴이 강성실
펴낸이 성의현
펴낸곳 ㈜미래의창

편집주간 김성옥
책임편집 최소혜

출판 신고 2019년 10월 28일 제2019-000291호
주소 서울시 마포구 잔다리로 62-1 미래의창빌딩(서교동 376-15, 5층)
전화 070-8693-1719 **팩스** 0507-1301-1585
이메일 mbookjoa@naver.com
ISBN 979-11-91464-15-3 (03180)

※ 책값은 뒤표지에 있습니다. 잘못된 책은 바꿔 드립니다.